铁血旅顺湾

RUSSO—JAPANESE WAR

徐焰 著

辽宁人民出版社

© 徐焰　2022

图书在版编目（CIP）数据

铁血旅顺湾 / 徐焰著 . —沈阳：辽宁人民出版社，2022.8
　　ISBN 978-7-205-10462-7

Ⅰ . ①铁… Ⅱ . ①徐… Ⅲ . ①日军对旅顺要塞攻坚战（1904—1905）Ⅳ . ① E313

中国版本图书馆 CIP 数据核字（2022）第 074114 号

出版发行：辽宁人民出版社
　　　　　地址：沈阳市和平区十一纬路 25 号　邮编：110003
　　　　　http：//www.lnpph.com.cn
印　　刷：北京长宁印刷有限公司天津分公司
幅面尺寸：168mm×235mm
印　　张：16.25
字　　数：150 千字
出版时间：2022 年 8 月第 1 版
印刷时间：2022 年 8 月第 1 次印刷
责任编辑：王　增
封面设计：末末美书
版式设计：一诺设计
责任校对：吴艳杰
书　　号：ISBN 978-7-205-10462-7
定　　价：69.00 元

Contents 目 录

铁血旅顺湾

001　序幕
　　——狼熊恶斗，贪腐者败

017　一
　　俄国"东进"同日本西扩相撞

051　二
　　日俄争夺满洲、朝鲜，两个强盗走向火并

085　三
　　日军偷袭旅顺口揭开日俄战幕

117　四
　　日本陆军攻入辽东半岛以少胜多

| 147 | 五
打瘫太平洋舰队后日军猛攻旅顺 |

| 173 | 六
旅顺陷落最终决定了日胜俄败 |

| 203 | 七
对马海战惨败迫使沙皇认输议和 |

| 237 | 结尾
——战争改变日、俄、中三国历史进程 |

序幕

——狼熊恶斗,贪腐者败

回顾沙皇俄国直至苏联早期的发展史，西面的主要对手是德国，东面最大的对手是日本。如果说苏俄同中国有过冲突和结盟的两面关系，日本同苏俄之间的历史却几乎都是仇怨。百多年来日本人最恨"老毛子"，俄罗斯人的仇恨对象在"德寇"之后便是"日本鬼子"，双方的怨恨因南千岛群岛归属未解决一直延续到今天。

沙俄时代和苏联解体后俄联邦恢复的国徽，是一个"双头鹰"，象征着这个占据了世界上最广阔土地的大国要同时面向西方和东方。

日本在明治维新两年后即1870年，就推出了"皇军"的军旗——"旭日旗"，在其"日章旗"（又称"太阳旗"）的国旗基础上设计，从红日上向外射出16条血红的光芒线，就是体现明治天皇"布国威于四方"的思想。

双头鹰面向了东方，同血光四射的东洋狼为抢猎物相撞，自然要拼杀起来。日本在当时的文字中称俄罗斯为"露西亚"，简称"露国"，虽说是音译却也带有轻蔑。日本自称"朝日之国"，俄国被视为"露水"，意思是只要日出就可让其消散。

日俄结成世仇，诱因除太平洋西岸的岛屿归属争端外，主要就是因争夺当年衰弱的中

▼
沙皇时俄罗斯的国徽——双头鹰寓意掌控东西方。

国的领土沙俄和苏联在20世纪上半叶同日本打过几仗，如日俄战争、诺蒙坎之战和苏联出兵东北，又都以中国领土作为战场。今天的国人讲到日俄长久的仇怨，还不能忘记那段"人为刀俎，我为鱼肉"的辛酸历史。

恶狼挑战大熊，扬长避短还能获胜

对那场沙皇俄国同日本的战争，列宁在1905年写下著名的文章《旅顺口的陷落》，直斥"是俄国专制制度挑起了这场殖民战争"。沙俄和日本都是殖民强盗，在远东因分赃不均拔刀相向，便以中国

▲ 19世纪70年代以后日本确定以"日章旗"为军旗，代表了向四面扩张之意。

▲ 画家笔下的1891年俄皇太子在日本遇刺杀的场面。

序幕——狼熊恶斗，贪腐者败　003

的南满为主战场恶战了一年半。

俄国自1891年启动西伯利亚大铁路工程，想实现"东部大开发"战略，扩张矛头就直指满洲、朝鲜并瞄准了日本。出席开工典礼的俄国皇太子即后来的末代沙皇尼古拉二世到远东时顺便赴日游览访问，结果被狂热的民族主义分子在头上砍了一刀，俄国和日本的明眼人都预料到两国必有一战。甲午战争结束时俄国牵头"干涉还辽"，欧美各国都认为这不久就会引来日本的报复，就看战争何时爆发。

世界多数舆论从日俄两国实力对比分析，经常以熊来形容俄国。日本社会上也称其为"熊俄"，自己与之相比不过是一只狼。

两只野兽打起来，狼怎样才能击败熊呢？

单纯从格斗角度看，狼根本没法击败熊。

狼和熊的搏斗，从体型和力量来看就是一场不对等的较量。不过仔细分析一下，狼同熊相比并非完全没有优势，长处是机动灵活、耐力好。一只狼如果在庞大却又体拙的熊身边左扑右窜，也能将对手搞得疲惫不堪，最后只能放弃争斗而跑开，这就相当于熊败狼胜。

当年的日本，就是争取这样的有限胜利。俄国同时有德国、土耳其和日本这三个战略对手，重点又是欧洲。此时日本只有对俄作战这一个战略重点，又能得英美帮助，自己取得些利益后又适可而止同对手讲和，就算达到了战争胜利的目标。

再看一下后来越南抗击美国的战争，同样是以持久作战让对手讲和撤走，无疑也是取得了胜利。

日本对俄国的战争是以小搏大，要冒拿国家命运做赌注的极大风险。看一下熊与狼争地盘的不同结局——熊若在搏斗中输了还可以逃跑，相当于丢掉一顿饭；狼若在搏斗中输了，大概率会丧命被吃掉。

回顾1894年日本发动"日清战争"（中国称甲午战争）时，

▶ 日俄战争时期的西方漫画，将二者描绘成狼与熊的争斗。

明治天皇主持内阁和军方还做了获胜、僵持、退守本土这三种预案，认为最坏莫过于缩回本土，清军也无力反攻登陆。1904年初决定对俄开战前夕，明治天皇却犹豫不决，临战前两天仍想双方达成妥协方案。此时负责开战筹划的儿玉源太郎大将私下也表示："说实话，我不认为日本能够战胜俄国。"

下定开战决心时，日本决策层索性只做一种求胜的预案，并提出是"赌国运"。

▶ 明治天皇的油画像。

序幕——狼熊恶斗，贪腐者败　005

按英国人当时的评论——"俄国人输了只是丢掉一顿晚餐,日本人输了就要亡国"。

此时日本只能像红眼的赌徒那样孤注一掷,赌赢后便得意忘形。赌徒的规律是一次下注得手,肯定要押上更大的赌本。日本对俄作战胜利后扩张野心一发不可收,又要以蛇吞象灭亡中国。到了1941年12月,日军竟敢袭击力量比自己强大数倍的美军,并同时对英国开战。一些人认为日本人行为简直疯狂而不可理喻,其实要是看一下日俄战争史就不会奇怪。东条英机首相在对美英开战前夕面对许多人质疑,回答都是一句话——"当年我们不相信能打败俄国,结果不是也赢了吗?"这一次,不过是想再次"赌国运"罢了。

"第零次世界大战"改变人类战争形态

日俄两国交战时,双方都不是先进的工业国。日本的战列舰和主力巡洋舰都是采购的英国最新制品,俄国的战列舰名为自制却主要靠法国设计并提供机件和装甲钢。两国陆军的武器虽基本靠自制,也依靠引进和借鉴他国技术,并直接购买了不少欧美新产品。因此,当时世界新工业革命带来的技术创新都首次用于日俄战争。

此时日本没有多少重工业且财力不及欧洲某些小国,却有英国卖给的刚下水的世界上吨位最大的6艘战列舰,这就在质量上优于俄国海军,成为敢开战的最大本钱。

海上大型战列舰之间"大炮巨舰"较量,正是以日俄间的黄海

对马海战是大舰巨炮的较量，俄国舰队正是因为火炮性能和炮术落后而覆没。

海战、对马海战开创了典型范例。这种海上交锋的思路，一直延续到航母编队袭击珍珠港和中途岛决战时才被改变。

野战中的后膛速射炮，首次大规模应用于日俄之间的交战。重机枪作为步兵火力的骨干，也是在旅顺攻防战中第一次表现出来。堑壕、铁丝网和步枪、机枪火力结合的阵地战，又是在日俄两军间首次展开，这等于是第一次世界大战的预演。

俄军在防御旅顺的作战中，创造了采用曲射的迫击炮，并以炮弹壳装炸药成功制成手榴弹。迫击炮和手榴弹这两项武器，从此成为各国步兵作战重要的工具。

无线电台在日俄战争时首次装备部队，虽然只发到陆军的军一级和海军主要战舰，却使军队的通信方式有了一个划时代的飞跃。

日本军舰封锁旅顺时，其上电台的发报被俄军报务员听到，出于本能马上按键发出电波干扰，人类战争史上的第一次电子对抗也

序幕——狼熊恶斗，贪腐者败　007

就此揭开帷幕。

在日俄军队实行地面、海面交锋时，新发明的军用气球成了远程观测的重要工具。虽然飞机很快取代了气球的地位，不过空中观察与地面打击的结合也是在这次战争中开始。

武器的发展必然带来战术的变化，炮兵火力增强和机枪的采用，使步兵、骑兵都不应再采取密集队形，散兵线就此成为前线作战的主要队形。日军攻击旅顺时的"猪突"和"万岁冲锋"，被证明是愚蠢的只能导致伤亡巨大的做法。

近代战争是经济和军事实力的比拼，俄国领土面积是日本的80倍，人口有3倍的优势，财政收入有7倍的差距，常备军有8倍之

▶ 俄军对日作战时以气球作为侦察手段。

▶ 欧洲的这幅漫画表现了日俄争斗中日本人可以以小搏大"驯服"北极熊。

差。论起工业和科技基础，俄国也强于刚崛起的日本。不过人称"尺有所短，寸有所长"，战争中弱势的一方如果掌握几点强项，扬长避短，在局部战争中也能打败强国（打总体战自然不行）。日本就是靠几项独特优势，连连挫败了俄国，并迫使那头庞大的北极熊妥协退让。

打仗除了实力，还要看"天时、地利、人和"。日本在这三方面都较俄国有局部优势。

天时包括气候，也包括国际环境。俄国面积虽大，远东寒冷的气候却不利于运输，日本较暖和的天气便于兵力集结和调动。最重要的是，俄国在世界上的扩张政策导致其战时没有一个盟友，唯一的盟国法国在战时也宣布中立。日本却利用他国的仇俄心理多方拉拢，有世界最强的英国、最富的美国支援，一半的作战经费都从这两国借来，胜利的重要因素就是靠联盟战略。

从地理条件看，俄国的面积大，这是长处也是短处。俄军战时调兵不易，尤其是海军被分割在波罗的海、黑海、太平洋这三个相隔千万里的海域，通向远东的西伯利亚铁路在开战时还未贯通。日本以全国之力，打俄国一隅之兵，局部战区内的兵力和战舰数还略占优势。

从"人和"即内部团结看，俄国是由100多个民族组成的内部矛盾尖锐的国家，日本却几乎是单一的"大和民族"。开战后，俄国内部包括俄军中都不能形成合力，并有很强的反战势力。日本却基本上达到君臣同心，绝大多数民众拥护战争。

日本对俄交战的最后结果，证明天皇和重臣们在战前对俄估计

有些高，沙皇及其手下却因昏聩而对日本估计太低。统治俄国的罗曼诺夫王朝气数与大清王朝相近，已是一个老朽没落的王朝，只是这个封建的、军事的帝国主义国家的综合国力还远比半殖民地半封建的中国强，战时能让日本付出重大代价。

沙俄当时若有魄力打持久战，财力快要耗尽的日本肯定会败，不过沙皇因国内革命兴起也坚持不下去。后来日本侵华时，毛泽东强调中国必须打持久战，正是对付那些国小而野心大的东洋狂人的最好办法。

▲ 俄国在对日开战时的漫画，认为以自己的大块头可吊打日本，事实上俄国虽大却弱点甚多。

俄国内部腐败成为失败的最大内因

人称"落后就会挨打"，这是基本规律，不过也有武器落后的一方靠精神面貌好而取胜之例。腐败加落后的国家和军队，倒是注定会挨打。

战争不仅是军队、武器的较量，政治因素特别是交战国的民心士气有时起更大的作用。如果单纯对比参战兵力、大炮和军舰数量，人们都不会认为俄国会输。

从日俄战争中的阵亡人员看，日军战死了5万多人（加上病亡共死了8.8万人），俄军阵亡3万多人（加上病亡共死5.7万）。由此可看出，那个虽然老朽的北极熊还是有股强悍之气，日军又因蛮打蛮冲而在战场上伤亡更重。不过战争最后的结果却是俄国失败，最主要的原因还是因为军官的斗志不如对手。

凡是老朽没落的政权，内部肯定腐败不堪，会出现社会矛盾尖锐，打起仗来军事机器就如同生锈般地运转不灵。俄国的陆海军开战后的洋相百出让人惊愕，如在旅顺口把敌人来袭的爆炸声当成庆贺礼炮，远洋舰队把英国渔船当敌舰误击，此类笑谈不断。俄军只是靠着国家底子厚，士兵还有一般"战斗民族"的剽悍之气，在陆战中还能让日军有些畏惧。

▲
日俄战争时日军各部受领军旗时的狂热之态。

此时日本最大的优势，在于刚经过明治维新，国势处在上升阶段。有日本特色的资本主义道路提高了国力并改善了民生，日军出征时老百姓会摇着太阳旗在道旁夹道欢送，母亲和妻子们会勉励士兵作战。此刻日本官兵唱的一首军歌，其歌名竟是《祈战死》，让当时留学东洋的中国人听了都毛骨悚然。

"让我们到靖国神社再会吧"这句话，常是日军官兵战时的口头禅。这种"武士道"精神，是东洋三岛上古代封建领主制度下形成的家奴式的军人传统，让武士有狼和羊的双重性格，对天皇和长官唯命是从，而对敌人就要异常凶狠。

日军内部等级森严实施野蛮管理，不过各项制度还较严格地遵

序幕——狼熊恶斗，贪腐者败　011

守，军官多数能在第一线带领士兵拼杀。当年赴日上军校的中国留学生普遍回忆说，日本基层军官生活作风还算简朴，贪污公款、克扣军饷的事很少能听到，因而官兵还有一致为"皇国"卖命冲杀的风气。

靠着这种邪教般的精神，日军上战场后能有一种敢于死战的狂热。在旅顺攻城战中，指挥官乃木希典就组织了一次次"万岁冲锋"。面对着俄军密集的机枪扫射和炮火拦截，日本兵排列成队喊着"万岁"迎着死神向前冲，在一个地势并不险要和面积不大的203高地下就死伤了1.7万人。欧美国家的军事观察员看到这种情景，都感到愚不可及，日军却将其当成荣耀宣扬。在后来的太平洋战场上，日本军官见形势危急，也常发起这种"自杀式冲锋"，战果并不大却显示了野蛮凶悍精神，能让对手受到震撼。

此时俄军上层却腐败成风，克扣军饷、倒卖物资，收受贿赂（甚至接受日军行贿）非常普遍。在这方面，沙俄同大清国倒有一拼，结果自然是官兵对立，不少士兵还想反抗军官和推翻政府。

▲
日本所绘的日军在旅顺同俄军进行堑壕阵地攻击战的油画。

▶
法国杂志所绘的日军进攻203高地的画作，表现出列队前进不怕伤亡。

俄军在旅顺等地的防卫战中虽显出了顽强作风,不过总体上作战意志不强,军官见势不好就献城投降。俄太平洋舰队的表现是怯战退缩,波罗的海舰队战至最后的几艘军舰又是集体挂白旗。

历史证明,俄罗斯人确实有剽悍作风,不过其战斗精神是否能激发出来,还要看民心向背。在保卫祖国和家园的卫国战争中,俄国人确实有顽强斗志。不过当沙皇让普通民众从军卖命去征服他国时,很多人就抵触厌战。沙俄帝国上层的腐朽,更导致官越大越怕死,职务越高越贪腐。

不过耐人寻味的是,日俄战争结束后,交战双方对于彼此官兵在民族主义的感召下拼命的"事迹"都表示称赞,并以能够与强悍

▼
1905年1月旅顺俄军向日军投降时的双方将领合影,中坐第二人为乃木希典。双方能表现出骑士风度说明只是利益相争而无仇恨。

对手交锋而自鸣得意。日军攻下旅顺后，对俄军死守的顽强大加颂扬还立碑，并以此来衬托他们自己"尸山血海"的"悲壮"。俄国人在记述中对日本人的拼死精神也有敬佩之感，苏军对日军也长期存在心理阴影，直到1939年在诺蒙坎取得胜利才有了将其打败的自信。

这种敌手之间反常现象的出现，关键在于日俄两国进行的是一场帝国主义分赃不均而发生的战争，双方都在抢别人的东西，打不过就让出来，这就没有心理障碍。双方因没有正义、非正义之分，相互颂扬对手顽强作战，反而能刺激己方官兵去盲目拼杀。出于同样的心理，日俄两军交战时还出现了一些善待对方俘虏，相互致意的"骑士精神"，显示出双方军人并无仇恨，交战结束又能在一起握手和聚餐。

相比之下，日俄两国在这场战争的记述中对中国人都充满轻蔑，国人阅读到此时除产生激愤外也会有进一步的联想。

当年日本人描绘的"清国人"，基本上都是"肮脏"和"浑身大蒜臭味"的愚民，可随时为一点点小钱而为异国军队卖命。俄国书籍（包括后来苏联出版的《旅顺口》）中也极尽丑化中国人。日俄两军都视战区内中国人的生命如草芥，获胜的日本人在战后更滋长了对中国人的普遍貌视情绪，这又为后来侵华战争中的残暴行为埋下了种子。

在强权社会中，弱者就要受人欺侮。日俄战争是两个强者在弱国领土上进行的，强者只尊重强者。抗日战争期间，毛泽东在《论持久战》中谈到中日关系时曾以动物来比拟说："世界上只有猫和猫做朋友的事，没有猫和老鼠做朋友的事。"

清末的中国，在日本和沙俄当局的眼中都不过是猎物。熊和狼争抢而相持不下时，倒有可能达成妥协，哪一方对猎物却都不可能放过。当时贫弱的中国只是日俄战争中可耻的旁观者和悲惨的受害者，后来靠着国家变强，那种任外人宰割的悲惨状态才一去不复返。

笔者在旅顺白玉山的塔前留影。

今时的人再回首日俄战争这样的往昔之事，会感到已经久远，不过纵观漫长的历史进程反而能更深刻地看清它的意义。可以说，想了解中国近代史、世界近代史，不能不看日俄战史。

旅顺，这个同大连结成一体的辽宁最南端的美丽小城，正是日俄战争最重要的战场。笔者从少年时代起，几十年间曾有许多次到过那里，观看甲午战争、日俄战争的旧战场，再看看苏军攻日又重回此地的遗迹，总能产生不尽感慨。笔者也到日本的横滨看过对马海战的旗舰"三笠"号，又到俄罗斯的历史博物馆中看到俄军在中国东北满洲作战的旧物，感觉都不如旅顺的展览全面且直观。

"一个旅顺口，半部近代史"，从这里能看到日俄战争的一个缩影，也能看到近代中国的屈辱和奋进。再拓展眼界，通过日俄战争去看世界，更可以了解国际风云变幻，对今天的人也能起到启迪思维和温故而知新、鉴昔而明今的作用。

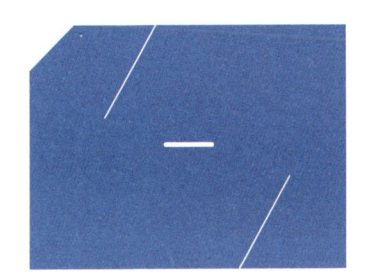

俄国"东进"
同日本西扩相撞

谢洛夫的著名油画《彼得大帝》，表明俄罗斯在他的率领下走向海洋。

谈到俄罗斯，人们马上会想到无边无际的冰天雪地。古代斯拉夫人在东欧建立国家后，最渴望的就是获得温暖的土地，能终年航行的"不冻港"。

俄罗斯能从一个小公国扩展为世界上疆域最大的帝国，很大程度是由两个情结推动——渴望获得新土地，拼命争夺出海口。在近代世纪，谁有出海口能直通大洋，才有机会获得殖民地、市场和廉价劳工，才能挤进列强的圈子。在向大西洋出海口进军时，打开太平洋出海口的冲动欲望又促成俄罗斯人不断迈出向东方万里远征的步伐。腐朽的清政府统治下的大片领土在这一扩张过程中丧失，近代崛起后想向西面扩张的日本则与沙俄迎头相撞，日俄由此结下世仇。

沙俄向东扩展领土 10 倍，变成世界面积最大之国

西方史学家有这样一句形容俄罗斯的话——"欧洲科技和蒙古式的剽悍相结合，造就了俄罗斯"。

从 13 世纪到 15 世纪，由东斯拉夫人组成的基辅罗斯公国曾被成吉思汗后裔所率的铁骑征服并统治，蒙古人也给这个民族的血液

中注入了"草原狼"一样的进攻精神,武力意识、扩张传统和征服愿望。16世纪末到19世纪,俄国人越过乌拉尔山迈向亚洲,进行了一场世界史上空前的"超级圈地"行动,原来的东欧小国就此同中国和日本发生了接触。

◀ 表现俄罗斯人在15世纪击败蒙古军并最终能独立建国的油画。

16世纪后半叶的俄国,是面积200多万平方公里的东欧国家。16世纪后期在位的沙皇伊凡四世对内对外都实施残暴手段,不惜打死唯一的儿子,被称为"恐怖的伊凡雷帝"。不过这个暴君奠定了俄罗斯帝国的基础,并在1581年命令以火枪装备起来的哥萨克开始了向西伯利亚的远征。

这支840人组织的远征队,首领还是个罪犯,也就是被沙皇处以重刑的哥萨克首领叶尔马克。他被特赦出来率队到苦寒之地,率领的

▼ 列宾油画《伊凡雷帝杀子》,表现了这个俄国首位沙皇的残暴。画中他打死了自己唯一的儿子,却又惊恐无人继位。

一 俄国"东进"同日本西扩相撞 019

▶ 表现俄罗斯远征队向东方行进的油画。

▼ 俄国画家苏里柯夫所绘的《叶尔马克征服西伯利亚》表现了17世纪向东扩张的场面。

人尽是被释放的土匪和囚犯、流氓和破产农民。

沙俄后来将征服西伯利亚称为"英雄史诗",其实这些所谓英雄都是些社会底层。由于这些人不是正规军,他们没有军饷,政府只需给他们一些火绳枪和马刀作为武器,再给那些头领加一个封号,允许这批人随便抢夺并将所得归自己,就刺激了这些人征服的狂热。

这支远征队出发后,1581年10月就攻占了西伯利亚汗国首府,不过镇压当地居民的反抗耗费了18年,至1598年才最后完成了征服。

在半个世纪的东征期间,哥萨克马队常靠捕猎获取食物,在荒凉的无人地带能实现就地补给,不断向乌拉尔山以东前进,沿途建立据点后再引来俄国农民屯垦。1638年的一天,一个名叫莫斯科维奇的小头目率领的30名哥萨克骑兵终于到达了鄂霍茨克海岸。面对着太平洋,这批首次到达这里的欧洲人狂欢起来。

看到了太平洋的俄国人,决定在鄂霍茨克海沿岸扎根,因海滨过于荒凉,便在内地原始部落原来的居住点建城。1632年,俄国远征队在西伯利亚建立了第一个永久性据点——"冰城"雅库茨克,后来200年间成为在东方的主要基地,进入20世纪后国际上又称其为"世界上最冷的城市"。

了解世界地理的人,会感叹只有超级耐寒的俄国人才能在这么苦寒之地建城,其他民族恐怕真难以在这一西伯利亚的腹心之地定居。许多不知情者会问,当地冷到什么程度呢?

冬季气温最低时,雅库茨克能冷到零下64℃,人呼出的气可听到立即变成冰碴的声音,从河里捞上来的小鱼可当冰棍来吃,尸体埋在3米至4米以下就可全年冷冻永不腐烂,那里有几万年前的猛犸尸体出土还保存完好。全年这里还有5月初至8月中旬的三个月的夏季,7月最高气温能达38℃,这就使当地冬夏季温差超过100℃,可称世界之最。

如此大的温差,对当地建筑来说是一个梦魇。城内地表面1米厚的活动土层都是冬冻夏融,传统方法建筑的建筑物根本支撑不住,建房子的木桩必须深深扎入活动土层之下,将房屋建在离地1米的桩上，以免软硬不定的土地毁了建筑物，俄罗斯人称之为"在融冻层游泳"。

这里居住的军民吃什么呢？俄罗斯总算有耐寒且能较快收获的小麦和土豆，种下三个月就能收获，虽收获量不多，当地人再加上通过狩猎获得肉类。不过这也只能勉强维持少数人的艰难生活。

此时跟随俄国远征队的，还有少量带着武器的毛皮商人，他们让西伯利亚部落相继归顺，收获了世界上面积最大的土地，得到毛皮再运回去销售又让沙俄政府获得利润，给他们高额犒赏，这样又刺激他们进一步扩张，形成征服——获利的循环。

几百个武装人员再加百余名皮毛商人，就能征服世界上最大一片土地，也在于他们拥有从西欧传来的先进枪炮技术。当时亚洲北部一片荒凉，俄国远征队对待那里的少数原始部落，同西班牙人对付印第安人一样容易。

西伯利亚地区虽轻易获得，俄国人却感到没有多少价值，那里虽有世界上面积最大的森林并有金矿一类宝藏，却无法开采和运输。远征队随后南下东进，寻找温暖之地和"不冻港"。俄国哥萨克敢于冒险和闯荡的习性，在这次世界上距离空前的陆地远征中发挥出优势。

1643年，俄罗斯远征队到达了黑龙江边。此时，满洲八旗正忙于入主富饶的中原，没有注意到民族的发源地北面突然出现了几百名长着蓝眼睛、却拿着先进火器的不明来历的武装人员。1644年春，清军入关进占北京，满族军民大多"从龙入关"，黑龙江以北留下的居民主要是向清廷交皮毛税的达斡尔等原始部落，没有守军来阻止俄国人。1645年，俄国远征队还沿黑龙江东下到了出海口，又看见了库页岛的西北海岸并产生占领的念头。1649年，远征队又在太平洋沿岸建立了定居点鄂霍茨克，此后将这里作为出海的基地。

进入17世纪中叶，在贝加尔湖以东俄国远征队已得到莫斯科派来的一些哥萨克增援，人员仍不到3000人，却在贝加尔湖到黑龙江之间的地区建立据点。如1658年建立了涅尔琴斯克（中国人称尼布楚）作为主要定居点，后来这里成了俄国人在远东的主要据点以及同清朝的谈判处。

清王朝得知自己的发源地北面出现威胁，当南方稳定后就决定派兵征讨。1682年康熙提出"永戍黑龙江"的方略，设立了黑龙江将军一职。为了保障北伐时的补给，清廷又花费了三年时间，在墨尔根（今嫩江市）至雅克萨城间修筑了25个驿站，建立了长达1300华里的粮道，还建立了黑龙江水师并造大兵船500艘。1685年春季后，康熙皇帝利用嫩江、松花江和黑龙江解冻后的时期，调集1.5万人的军队乘船北进黑龙江上游，攻击俄军建立的新城堡雅克萨。

此战中，俄方兵力最多时只有800人，

油画《雅克萨自卫反击战》，作者：广廷渤、吴静雨、刘剑英。

俄罗斯关于雅克萨之战的油画，表现清军围攻时的顽抗。

却拥有火绳枪 100 支，先进的燧发枪 850 支，而上万清军的火器还不到百支，而且还是非常落后的"兵丁鸟枪"，多数武器还是刀、矛和弓箭，表现出热兵器和冷兵器的时代差距。清军久攻俄人新筑的城堡不下，只好围困，这样经过夏天打、冬天停的三年交锋，俄军得不到援兵才撤出雅克萨城。

以当时只有马匹、马车的运输手段，莫斯科无法向万里之外的远东提供增援。清廷却看到俄人有火器不好对付，又想集中兵力平定外蒙古而想息战，于是 1689 年中俄两国签订了《尼布楚条约》规定以外兴安岭为界，这成为俄国东扩时在黑龙江流域的暂时妥协。

充满扩张欲的俄国远征队，并未因一纸条约而止步，他们通过雅克萨之战看到清朝军队的装备落后而留下轻视之感，接着又向更远的东方开疆拓土。这种向寒凉荒芜之地的扩张，使沙俄领土面积达到了 2000 多万平方公里。

俄日争夺太平洋岛屿，暂时妥协却酿成战端

康熙皇帝在清朝号称明君，虽安定了内部却根本不知世界大势，甚至不知地球为圆。他认为同俄国订立了条约就高枕无忧，在东北方向基本采取不设防，对雅克萨之战缴获的新式俄国火枪只留两支在身边"把玩"而不思研究学习。

康熙大帝与彼得大帝生活在同一时代，都对扩大自己的帝国起到作用，不过一个封闭、一个开放。康熙虽然喜欢同西方传教士交往并从他们那里了解些科技知识，却只是满足个人喜好而不许社会上学习。彼得一世不仅自己化装到荷兰深入船厂实习，还引进西欧科技推动俄国社会改革，并让这个东西混合的帝国有了更强的扩张力量。

▲
康熙皇帝的肖像画，他的"盛世"实际上使国家封闭更为落后。

1689年签订《尼布楚条约》后，彼得一世仍要求在东方继续开拓新土地。俄国远征队见南下受挫，又向西伯利亚东北的堪察加半岛挺进。1697年初，120人的哥萨克队伍到达半岛上，以火枪很快征服了爱斯基摩人等原始部落，至1711年将整个堪察加半岛控制。

俄国人在那里找到一个受日本海暖流影响而终年不冻的港口，即后来的彼得罗巴甫洛夫斯克，只是这里距离远东太远，而距离北美洲近一些。

1682年至1725年在位的彼得大帝，总在推动过去的内陆国家俄罗斯走向海洋。他有一句名言——"国家只有陆军就如同人只有一只手，有了海军才有两只手"。

▲ 俄国彼得大帝的肖像油画。

彼得大帝在波罗的海创建了俄罗斯海军，接着在黑海也建立舰队。1724年，他在病死的前一年又下令在太平洋方向出海探索，找到亚洲的大陆东端并了解其是否与美洲相连。1731年俄国在太平洋边建立了鄂霍茨克海区舰队，虽然只有几艘风帆炮船，却成为后来太平洋舰队的前身。

1727年，受雇于沙皇的丹麦航海家白令根据彼得大帝的遗愿，率领远征队跋涉万里，用了一年多时间到达太平洋边的鄂霍茨克海，马上在当地非常简陋的条件下利用当地木料制造海船。1728年，白令率船远航，行至阿拉斯加湾发现了北极通向太平洋的出口，后人就以他的名字命名为白令海峡。

1741年，白令所率的俄国船只从堪察加半岛向东航行，发现了海峡东面的美洲的阿拉斯加。1784年，俄国人在那里建立了居民点，并于1799年宣布这块面积达170万平方公里的寒冷荒凉之地属于自己。至此，"俄罗斯美洲"建立起来，沙俄帝国成了横跨欧、亚、美三大洲的大国。同年俄国创设了"受皇家保护的"的俄美公司，提出要将太平洋北部当俄国所有，其中包括美洲西岸的加利福尼亚、夏威夷群岛、库页岛南部和黑龙江口。

丹麦航海家白令的油画肖像，他未辜负彼得大帝的厚望，寻找到亚洲大陆的东端白令海峡。

沙俄海军的军旗，是安德烈耶夫旗，其口号就是这面旗帜"在哪里升起，哪里就是俄国疆土"。近代俄罗斯人这种敢到冰海中探索前行，并拼力开疆拓土的劲头，真是世上少有！

俄国的扩张美梦在美洲却最终难圆，主要是自身物质力量还无法控制北极圈边的阿拉斯加荒凉之地。19世纪中期，当地只有3000余名习惯北极生活的爱斯基摩人，俄罗斯人不过500人，他们的给养既难自给也难以从远东输送。驻在阿拉斯加的俄国人的经济生活来源，主要是捕猎海獭，再乘船到北美洲西岸卖给墨西哥人换些粮食和其他日用品。经过几十年滥捕后，当地海獭所剩不多，居住在此的俄国人就感到生计难以维持。

1853年克里米亚战争爆发后，英法联军一度占领堪察加半岛，撤走后在阿拉斯加东面的加拿大留有英国驻军。他们能轻易消灭驻扎在阿拉斯加的俄罗斯人，占据这里后还会威胁西伯利亚。在英俄对立的形态下，阿拉斯加没法防守，能保住西伯利亚及远东就是俄

一　俄国"东进"同日本西扩相撞　027

18世纪的俄国航船在北美洲海岸探险。

国人的愿望。

克里米亚战争期间,俄国东西伯利亚总督尼古拉·穆拉维约夫就提议将阿拉斯加卖给美国,能作为英俄之间的"缓冲区"。美国感到这块北极圈附近之地虽寒冷和没有现实开发价值,从长远看还有大用。于是,1867年俄美达成交易,美国以720万美元买下了阿拉斯加。后来美国人认为这是一笔最合算的买卖,俄国人放弃阿拉斯加,实在是鞭长莫及情况下的无奈之举。

俄国人对易于控制之地,却要努力争夺。就在签订《尼布楚条约》的1689年,沙俄虽然在条约上承认库页岛属于中国,却看到岛上没有驻军,就派遣士兵和囚犯组成的远征队跨海登陆岛北端,杀散赫哲族居民。由于岛上比较荒凉,过冬困难,此后几十年俄国人经常在春季上岛,在秋末撤离,向当地部落索取皮毛等贡赋,形成季节性入侵。

库页岛是一条狭窄海峡相隔的大岛，面积达 7 万多平方公里，有两个台湾那么大，岛上原来生活着赫哲族等部落，在元明清三代都臣服于朝廷。清政府却一直未派兵上岛，开始还在夏季派过官员上岛，收取皮毛作为赋税。后来官员们感到这些物品价值太低，抵不上旅途劳顿，索性几十年不派人上岛，对俄、日两国进占该岛一直茫然不知。

1765 年，俄国人在库页岛北部修起营舍并开采煤矿，1789 年，俄国人又进驻库页岛南部，随后把多数赫哲族人赶回大陆，并在岛上修起政厅、教堂、监狱、学校等建筑，将其改名为"萨哈林岛"。

俄国人南下库页岛时，从 1760 年开始也频繁地驶往千岛群岛海域，并在南部的得抚岛、择捉岛登陆，逼迫当地的原始居民虾夷人臣服沙皇。后来俄罗斯人据此还宣布，是他们比日本人更早控制了其声言索要的"北方四岛"。

库页岛南面的北海道，过去本是阿伊努人即虾夷人的居住地，因天气寒冷，日本人直至 12 世纪才开始进入，长期盘踞北海道南端。18 世纪末，幕府才派人北进控制全岛，并将北海道纳入日本版图，不过当时土著虾夷人却不愿服从统治并经常起事。

日本人控制北海道时，也派人渡海进驻库页岛南端。1790 年，松前藩在库页岛南端设置市集，声称这是幕府直辖地，同岛上的俄国人形成对峙。

从 1805 年至 1813 年，俄国人还屡屡派小股人员登上北海道北面的择捉等岛，同日本人进行了一系列交战，最终因后援困难而停止进攻，此举被日本人称为"北寇八年"。由此看来，日本同俄国关于"北方四岛"的历史归属之争已超过200年，却是各有根据。日俄最早的交战恰恰是在那里开始，只是当时规模还比较小。

地处东亚外缘的岛国日本，国土狭窄，资源不富，却长期"不甘处岛国之境"，加上一直注重外洋商贸，这种岛民扩张意识导致其很早就有强烈的对外扩张诉求，入侵的首要目标又是相邻的中国、朝鲜。16世纪后期日本国内统一，便滋长起向外扩张的思潮，而且由神道支撑的日本"国学"思想一旦同西方殖民扩张观念相结合，又会变得更为激进。

1543年，葡萄牙人作为首先登陆日本的第一批西洋人，在九州种子岛登陆。他们带来的先进火枪，马上被日本人看中买下，仅仅几年后就仿造出"铁炮"（至今日语对枪的称呼也是这个词），丰臣秀吉还装备了10万人的火枪军，入侵中国沿海的倭寇在火力上对明朝军队就占了优势，幸亏明朝以戚继光组织军队打败倭寇。1592年，明朝派出15万军队跨过鸭绿江，以六年抗倭援朝战争打退日军，才使日本感到中国还不好欺，暂时退回本土。

进入17世纪初，由于西方传入的天主教引发了日本内乱，当政的江户幕府于1639年下令锁国，禁止葡萄牙船舰来航，仅开长崎一地允许与天主教无关的中国和荷

16世纪日本引进并仿造西欧火枪，建立"铁枪队"。

兰船只进港。不过这种闭关锁国没有中国的清朝那么严重,还留了长崎一个通商口岸,并从那里学习西洋兵法和一些科技知识,因主要同荷兰打交道而称之为"兰学"。幕府对西方的了解远比清王朝多,这就为明治维新后的迅速崛起打下了基础。

1853年7月,刚跻身于强国之列的美国派出东印度舰队司令佩里,率领4艘全副武装的黑色军舰闯入了日本横须贺港,史称"黑船事件"。面对前来抗议的日本使者,佩里傲慢地说,你们最好不要抵抗,因为一旦开战,结局只有一个,那就是美国必胜。

历来有媚强凌弱传统的日本上层,对选择"开国"还是"开战"做了一番争论后,还是做了务实的考虑,几乎全盘接受了佩里的要求。1854年,日本在美国炮舰逼迫下签订了《神奈川条约》,开放通商口岸,允许外国人在此有不受管辖的特权。

看到美国得到好处,同年英国也派军舰到日本逼迫签订了开放通商口岸的不平等条约。1855年,俄军对英军和法军进行克里米亚

▼
美国佩里率舰队到日本,此举被日方称为"开国"。

战争时，面对太平洋上的英法舰队攻击，一度放弃了堪察加半岛，将舰队和太平洋沿岸驻军撤退到黑龙江口和库页岛北部，同时派军舰到日本签订了通商条约。此时俄国同日本签约，主要目的是稳住南方，为此承认过去同幕府争夺的南千岛群岛即后来所称的"北方四岛"属于日本，自己只保留没荒凉的北千岛群岛。

日本此时同样受美英威胁，同俄国签约也是想稳住北方。克里米亚战争结束两年后，俄国的态度就转为强力威逼，在1858年同英法美荷一起迫使日本签订不平等的《安政条约》。日本如同此时的清政府一样，让列强在大阪、长崎等口岸建立租界，拥有领事裁判权，并拥有关税特权和军舰驶入权。这些不平等条约，在1894年日本发动甲午战争后才得到修改，至1911年才彻底废除。

俄国在日本港口获得特权后，西伯利亚区舰队经常驶到长崎，作为过冬停泊地持续40余年，这座海滨城市还开放了一条岸边街区供俄军官兵居住娱乐。日本人就此也摸透了俄国海军的习性，对其粗野和不文明的举动还充满鄙视。明治维新后，日本为进行体制改革，派出使团到西欧考察，认定国家体制和陆军都应学德国（包括其军国主义），宪政和海军应学英国，科学技术应学法国，商贸应学美国，而俄国则"一无可学之处"。

英美舰只驶到日本驻泊并开租界时，日本人感觉看到一个"文明世界"。在外来思潮冲击下，日本一些工商界首领和上层武士相结合，在1868年抬出过去只是傀儡和神道祭司的天皇睦仁，并宣布"奉还大政"，由天皇主掌国家大权而收回幕府和各地将军的权力。

明治天皇初掌大权时，许多地方势力不服，北海道的虾夷人也宣布独立建立一个"虾夷共和国"，还购买国外军舰并招募法国志愿兵，并从俄国得到暗中支持。明治政府派出刚建立的海军进行讨伐，迫使虾夷人同俄罗斯断绝关系并服从东京，从而真正控制了北海道。此时北海道开拓使次官黑田清隆认为开发本岛是当务之急，对北面寒冷的库页岛可不必在意。

◀ 表现俄罗斯海军长期以日本长崎为停泊地，水兵与当地女子的油画。

日本明治维新的目标之一，就是对外扩张，因而维新初年就提出"征台""征韩"论。1874年日军一度出兵台湾并吞并琉球，1875年又派军舰炮轰朝鲜江华岛。为保障南进和西进的后方稳定，日本想稳住俄国，在1875年同俄国在彼得堡签约，俄国承认北千岛群岛属于日

▼ 表现1868年明治天皇登位执掌大权的画作。

一　俄国"东进"同日本西扩相撞　033

明治政府军和虾夷共和国海战的油画，此战明治军以6艘战舰对战虾夷共和国3艘战舰取胜，才实现了日本统一。

本，自己放弃南库页岛归俄。

千岛群岛和库页岛因属人烟稀少的荒凉岛屿，日俄在此相争持续几十年，还发生过军事冲突。由于双方另有扩张重点，暂时达成了妥协，却预示着后来必然会发生大规模战争。

清朝疏于北疆守备，俄国乘虚进占广阔沃土

俄国自19世纪初对拿破仑的战争获胜后，自认为是欧洲大陆第一强国，在发展军备和兴建铁路方面也学习西欧。英国最早的铁路于1825年通车后，1841年俄国也引进技术修建彼得堡到莫斯科的铁路，同时增强向东方扩张的力量。

1840年鸦片战争前的清王朝，一直对外部世界浑然不觉，清军武器还处于明朝末期那种刀矛和前膛火枪并用状态，所谓康乾盛世时仍强调"骑射之本"，导致装备已落后于西方国家300年。"英夷"在南部和东部入侵时，道光皇帝才对海防有所部署，而对北方大片土地的丧失还处于后知后觉的麻木状态。

　　"寸寸河山寸寸金，侉离分裂力谁任"，清末外交官黄遵宪写给梁启超的诗句，道出了近代志士对国土丧失的悲愤。鸦片战争时，当妄自尊大的清王朝突然被英国的坚船利炮惊醒，毕竟还能节节防御，战败所割之地还是香港这样的沿海据点。此后20年间沙俄却在东北夺地100多万平方公里，如入无人之境而未遇抵抗，实在令人扼腕浩叹！

　　黑龙江流域大片的疆域土地肥沃且森林繁茂，在《尼布楚条约》后已划归中国，只是人口稀少且未重开发管理。此前1616年努尔哈赤建立后金（后改国号为"清"）时，满族人口约60万，随后多数又随清军入关，黑龙江边清军只留下瑷珲城这一个长期驻兵的要塞，在江口有一两个季节性临时行署，经常是夏季三个月才有人前往"巡视"，下游地区百年间都是一派"沃野千里，有土无人"的景象。

　　清朝安定天下后，关内人口不到200年就增长四倍，至咸丰年间超过4亿，国家却极其贫困，前些年英国学者安格斯·麦迪森凭着"猜

清朝上层直至鸦片战争前仍迷信"弓马定天下"，皇帝身边还要带弓箭以示"不忘骑射为满洲之本"。

一　俄国"东进"同日本西扩相撞　035

测"提出一个"鸦片战争时中国GDP（国内生产总值）占世界三分之一"的说法，国内还有些不大了解近代史的人加以引用。麦迪森提出这一数据的依据，是认为19世纪中期清朝治下的人口达4亿而占人类三分之一，其生产力虽落后于欧洲，却优于亚、非、拉美土著，就取全球的人均中间数值。这种估算法有最明显的经济学错误，就是忽略了工业化的产能和农耕生产力水平的巨大"代差"。其实在当时的自然经济条件下，根本无法计算全国的GDP，统计国家财力只能看政府财政收入。1840年，清政府年财政收入只有可怜的4300万两白银，同年英国财政收入已达5200万英镑，按贸易汇率折合3.46亿两白银。同年法国、美国和俄国的财政收入也远超过中国，中华大地上是一片国衰民穷的状态。

清朝安定内地后，"地少人多"的矛盾就日益突出，大量剩余劳动力想到关外谋生。从1688年起，康熙皇帝却一再下诏对关外实行禁封，目的是维持满洲风俗及垄断人参兽皮贸易，并想使当地成为清室亲贵的私产和退路。清朝在辽东还修筑了一道遍植柳树的边墙称作"柳条边"，由旗兵看守。少数敢冒险的"燕鲁穷氓"非法偷越实现了"闯关东"，落脚地也只能选择气候较温暖的南满。至18世纪末乾隆时期，因关内八旗人口日繁，清廷曾让一些满族人迁回松花江流域解决生计。养尊处优的八旗子弟受不了边疆之苦，上山下乡后又大多逃回北京等城市，北疆荒凉局面仍迟迟未能改变。

古时旷土寡民，必然难以供养实力强大军队。据英国考察人员19世纪中叶在黑龙江北和乌苏里江东调查，这100余万平方公里之地只有土著居民 2.4 万人。黑龙江下游纵横千里之地竟没有一个集镇和驻军点，乌苏里江以东数百里阔野也仅设七处"卡伦"（哨所），主要还用于查阻内地来民。黑龙江将军的驻地在江南岸的瑷珲城，除管理江南外，例行守边措施就是解冰季节乘船去下游部落收皮毛税再兼顾巡查，这种虚应差事还逐渐荒废。

进入 19 世纪后，俄国大力动员向西伯利亚移民，到 1840 年贝加尔湖以东已有超过 10 万俄国居民，大多是武装哥萨克及其家属。鸦片战争暴露了清王朝的极度无能后，俄国人也开始了向黑龙江流域的扩张。

1847 年，沙皇尼古拉一世任命狂热的扩张分子穆拉维约夫为东西伯利亚总督。此人上任即率俄军进占了黑龙江出海口一带，将原来中文命名为"庙街"的江口之地以沙皇的名字命名，称为"尼古

俄国舰只驶入黑龙江下游并建立据点时的历史画。

一 俄国"东进"同日本西扩相撞 037

拉耶夫斯克",并在此建立移民点。1850年,俄军的鄂霍茨克海区舰队由北部严寒区南移至黑龙江口作为基地,改称西伯利亚区舰队。

对俄军控制黑龙江出海口大片疆域的情况,清朝黑龙江将军几年内竟茫然不知,1851年上奏朝廷还虚报"巡视"黑龙江口所见"无夷船,俄罗斯等照常恭顺,疆界安静"。1854年,俄军出动70余艘舰船上溯航行黑龙江,直达瑷珲城下,并派代表交涉要以这条江划定中俄国界。

此时,清朝的咸丰皇帝才知道俄国人已进入自己的"后院",却因太平天国运动威胁到统治根基,对北疆就弃之不顾。原驻吉林、黑龙江的清军有3万人被调到关内作战,只留下5500人,其中在瑷珲城内守兵不到1000人,主要武器还是刀、矛和弓箭。

1865年克里米亚战争结束,进攻俄国远东的英法联军撤走。翌年开春后,俄国将外贝加尔省集结的步兵1.6万人、骑兵5000人和炮兵1000人,分头进占了黑龙江以北和乌苏里江以东的地区并实行移民,造成了这片广大国土已经沦丧的既成事实。

1858年,沙俄利用英法军队侵华,东西伯利亚总督尼古·穆拉维约夫指挥俄国舰队又沿黑龙江驶到瑷珲(今黑龙江黑河市)城下,逼迫清朝的黑龙江将军奕山签订了《瑷珲条约》,承认黑龙江以北的60万平方公里的土地归俄国,而乌苏里江以东40万平方公里的土地由中俄"共管"。1860年,俄国利用英法联军打进北京并火烧圆明园之机,以出面"调停"而诱迫清廷签订《北京条约》正式承认地方官所签的《瑷珲条约》,同时承认乌苏里江以东那片"共管"

之地也改属俄国。

这次扩张行动的指挥者穆拉维约夫，因主张出售荒凉的阿拉斯加而受到本国后来人的一些诟病，不过却夺取到黑龙江流域大片土地，在后来的俄罗斯长期被视为"民族英雄"，钞票上还印有此人的头像。

在《瑷珲条约》和《北京条约》中，俄国人曾同意只占空旷无人之地，保留原中国居民点。瑷珲城对面的黑龙江北海兰泡一带留下3600平方公里住有中国居民的"江东六十四屯"，归中国官府管辖。不过后来俄方称此地只是清朝在俄境内的"租界"，只承认中方治权而不承认主权，结果1900年时该地也被俄国吞并，后来一直拒绝归还。

俄国轻易攫取的这100万平方公里的称为"外满洲"之地，远比西伯利亚温暖而易于开发，1860年俄军占领乌苏里江东部海边一个过去中国人称为"海参崴"的

▲ 表现沙俄逼迫清朝黑龙江将军签订《瑷珲条约》的蜡像。

◀ 俄国东西伯利亚总督穆拉维约夫，他曾在1858年强迫清黑龙江将军签订了《瑷珲条约》。

一 俄国"东进"同日本西扩相撞 039

季节性渔村后，就将其建成远东统治中心，并命名为"符拉迪沃斯托克"（俄语之意就是"控制东方"）。1871年，俄国在太平洋的舰队从黑龙江口北移，以此地作为主要基地。

轻易获得如此大片疆域后，俄罗斯在后来百年间的书籍还一直强词夺理地辩称，他们所占的是无主荒地。十月革命后的苏维埃政权谴责过沙俄过去的侵华政策，却也不承认这片地区是"侵占"的而认定是俄开发，按国际惯例应该是谁先控制就属谁。苏俄政府在对华宣言中所宣布废除的不平等条约，若仔细看也只是1896年以后对华所签订的条约，并不包括夺取黑龙江以北、乌苏里江以东的《瑷珲条约》和《北京条约》。清王朝重内轻外政策导致有边无防的历史性灾难，至此已难以挽回。

愚昧昏聩的清廷想以封禁保存"龙兴之地"，反而导致外侵乘虚而入，痛定思痛才改行"移民实边"。1860年清廷签约《北京条约》时，终于批准了黑龙江将军特普钦要求对关内移民"解禁"的上奏。随后半个多世纪，山东等地的移民"担担提篮，扶老携幼，或东出榆关，或东渡渤海，蜂涌蚁聚"，出现了一片"闯关东"的垦荒热潮。

"闯关东"使东北人口有了爆炸式的增长，过去荒芜的国土有了开垦和守卫者。19世纪中期，东北人口不过300万人，绝大多数还是在辽东半岛一带。到1900年东北人口迅速增至1800万，松花江流域也成了人口稠密区。此后沙皇曾推动移民满洲以实现"黄色俄罗斯"计划，日寇又想实施"移民满蒙百万户"计划，面对人口已达3000万的东北同胞反抗最终仍无法斩断当地对祖国的认同。

清朝轻易丢失"外满洲"广阔之地的教训，证明国家有土之地，就应有兵、有民，要认真进行管辖。当年爱新觉罗王朝对边疆只有宗藩意识，而没有近代民族国家的领土观念，才造成了那种让后世国人叹息的历史遗憾。

西伯利亚大铁路开建，导致俄皇太子在日本遇刺

近代沙皇俄国向外扩张，一直有三个方向，远东虽然始终不被俄国人视为重点，在东部扩张所得的土地却最多。

俄国扩张的目标第一是西部，主要行动是控制波兰并遏制普鲁士（后来的德国主体），因这里靠近首都彼得堡和经济中心，是最主要的战略方向。

俄国扩张的目标第二是南部，主要是想彻底打垮奥斯曼土耳其帝国，"收复"东正教的圣地君士坦丁堡（即土耳其当时的首都伊斯坦布尔），又想进一步控制波斯以进入印度洋。

俄国扩张的目标第三是远东，主要是想控制中国长城以北的广大地区和朝鲜，并想打垮主要对手日本，进而成为有"不冻港"和"温暖地带"

▼
1855 年至 1881 年在位的沙皇亚历山大三世，他实行了部分制度改革并强调向东方发展。

一 俄国"东进"同日本西扩相撞 041

的太平洋大国。

这种横跨欧亚的扩张势头，刺激了此时世界上头号强国大英帝国，法国也不愿让俄国插手自己在地中海的势力范围，美国则担心在太平洋的利益受损，后来统一的德国更将沙俄当成对手。沙俄四面树敌，在国际上极为孤立。

1856年，俄国在克里米亚战争失败后签订和约，被剥夺了在黑海保持舰队的权利，并从巴尔干半岛后撤。1861年，沙皇亚历山大二世在国内实行改变农奴制的改革，成为俄国向资本主义发展的一个转折点，国内工商业有了大的发展，不过封建体制并未完成改变。

1870年，普鲁士打败法国并统一了德国，在西面对俄形成最大的威胁。沙皇趁机在黑海恢复了舰队，不过认为南下已非常困难，唯一易于扩张的方向就是距彼得堡万里之遥的东北亚地区。

没有铁路的时候，俄国用兵的最大困难就是路途远和运输力差。早在克里米亚战争中，俄国因铁路太少不能运兵直达战场，导致本国军队在本土作战时调兵运物还不如远道而来的英法联军。1870年，普法战争开始时，德国依靠高效的铁路网络迅速运来50万大军实现了快速突击，而法国因铁路运力差刚集中起20多万人，导致战场上迅速被德军击败。俄国沙皇由此看到铁路的巨大军事价值，并感到在世界上幅员最大的国家中火车运输力将决定战争成败。

1890年以前，俄国在欧洲初步完成了铁路网建设，路轨却仅仅从莫斯科向东延伸了2000公里，到达欧亚分界线乌拉尔山以东的车里雅宾斯克。若再向前距此有7400公里之遥的海参崴筑路，需要劈

沙俄将西伯利亚当作流放地，这是表现将异端分子押解到此的油画。

开西伯利亚的原始冻土和参天森林蜿蜒而行。此时贝加尔湖以东的俄属远东人口只有45万，驻军只能保持4万多人。沙俄当局想移民充实空旷的西伯利亚，欧洲地区的农户一般都不肯来，只好将犯人和异己分子发配到那里。由于看守、押解人员也都不愿到这令人恐惧之地，能送到这里流放的人也很有限。

俄军在远东所占的黑龙江北岸虽土地肥沃，无霜期却比较短，只适合种植耐寒的黑麦和土豆，收获远不能满足所驻军民食用，每年需要从日本和中国进口粮食，并把江东六十四屯作为种植基地。此时俄国虽是世界头号粮食出口大国，不过"粮仓"在乌克兰，若在万里之外以马车向远东运粮，不但要走大半年，车上所运之粮还不够赶车人自己在路上食用。"陆路千里不运粮"这一中国的古训，在没有铁路的情况下真是陆地运输难以克服的瓶颈。

俄国无法及时将补给输送到远东，其驻扎在海参崴的舰队难以

一 俄国"东进"同日本西扩相撞 043

扩大，长期只能保持几艘不大的军舰。海参崴在冬天封冻，堪察加半岛那个不冻港太偏远且没有供应条件，因而沙俄非常渴望"不冻港"，但是开港又需要铁路运输补给，似乎成了一个死循环。

自从俄国1867年出售放弃"俄罗斯美洲"阿拉斯加后，上层人物叹息之余就开始商议如何向东方修铁路。在超过20年的讨论中，许多专家认为修一条铁路到西伯利亚的资金将是可怕的天文数字，俄国的财力根本无法负担，本国恶劣的对外关系又无法借到贷款。直至1890年，法国为争取结盟开始与俄国接近，以借贷投来资金，沙皇又提议向西伯利亚修铁路。

此议一出，俄国财政部门和陆海军头目强烈反对，认为这条长达9300公里的铁路即使修成也会因沿途荒凉没有多大运量，一定会持续亏损，修建和维护铁路耗费的钱财却会超过国家的军费。

此时沙皇亚历山大三世的交通部长维特发挥了关键作用，此人经计算后称，花费10年左右时间和3.5亿卢布（当时按汇率1卢布约折合1银元或1日元），就能再修建7000多公里西伯利亚铁路（因西端的2000公里已完工）。沙皇听到这一估算后，最后下令开工。

此时俄国全年财政收入已有10亿卢布，预定每年花费3000万至4000万卢布修筑这条铁路虽是耗资最大的建设项目，对完成东部大开发和实现亚洲政策还是有巨大意义。随后铁路修筑难度远超过预想，通过穿过中国北满建中东铁路走捷径的方式，还花费了13年多，至1904年勉强通车时耗资就达14.6亿卢布，成为当时世界上耗资最大、里程最长的铁路。

这条铁路东端在俄境内的线路，到1916年才最后完成，此时距沙皇俄国覆亡只剩一年。一条西伯利亚大铁路，曾使沙俄野心膨胀，并引发一场大战，最后加速了自己政权的灭亡，真让两代沙皇始料不及。

　　通过进口大量铁路建筑材料，1891年春天西伯利亚大铁路在乌拉尔东部的车里雅宾斯克和太平洋边的海参崴同时开工。23岁的俄国皇太子尼古拉受父皇委托，率领一支由7艘军舰组成的舰队，绕过半个地球驶到海参崴主持东端的开工典礼。这个头一次到东方的俄国皇储，途中参观了希腊、埃及和印度，进入亚洲后先到上海、汉口访问，并同张之洞等清朝重臣商谈了中俄贸易特别是茶叶进口。接着，他带着自己的表弟、希腊王子格奥尔基在内的随行人员前往日本长崎，再到京都游览。

表现俄国皇太子率舰队去远东的油画。

一　俄国"东进"同日本西扩相撞　045

刚进入这个神秘国度时，尼古拉对衣着古怪、足蹬木屐的日本人留下很深印象。5月11日，尼古拉从京都乘人力车来到大津城，一个警察突然举刀砍来，尼古拉虽然躲闪还是被砍中了右耳上方。俄皇太子拔腿就跑，刺客追上去想举刀再砍，幸亏希腊王子格奥尔基用刚买的一根竹拐杖向这个警察猛击，使其刀落旁边。两个日本车夫又扑来将凶手按倒，其他警察随后赶来将此人抓住。

此次发生的"大津事件"，凶手竟是负责保卫尼古拉安全的警察津田三藏。此人是一名极端仇俄分子，认为俄皇储来访是想打探日本虚实以准备进攻，为了表明对天皇的忠心才实施刺杀。这类疯

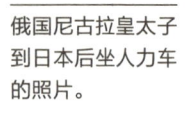

▶ 俄国尼古拉皇太子到日本后坐人力车的照片。

狂举动在日本历史上屡见不鲜，后来李鸿章到马关签订条约前就被一个狂徒开枪刺伤，几位日本首相、重臣也成了刺客的牺牲品，当年的东瀛曾被称为"刺客之国"。

俄国皇储来访竟然遇刺，使日本高层十分狼狈，天皇急忙从东京乘车赶到神户，登上俄舰表示歉意和抚慰。政府高官本想将凶犯处决，法院却以谋杀未遂罪判处被告无期徒刑，但是几个月后他突然"病死"在狱中，舆论普遍怀疑是政府为避免俄国积怨而暗害。日本法院采取这种轻判，又是隐晦地鼓励国民对俄保持仇视情绪。

俄国皇太子伤势还不太重，在本国军舰上治疗几天后就离日赴海参崴。他一路上都愤怒地咒骂日本人是"野蛮的猕猴"，发誓一定要报复，十几年后两国果然开战。

1891年5月21日，在海参崴码头旁边的那个太平洋铁路开端点（今天还立着一个纪念柱），头伤未愈的尼古拉皇太子亲手将装满碎石的手推车推倒，宣告西伯利亚大铁路正式开工。这个注定要大亏损的工程主要目的就是军用，主管军事的库罗帕特金大将就得意地向沙俄皇储吹嘘："这条铁路修通了，半个月就能将40万大军运到远东。"

沙皇亚历山大三世和一心想报复日本的皇太子尼古拉，都认为只要铁路通车，向远东移民、开发和集结几十万陆军和供应太平洋舰队

◀ 行刺俄国皇太子的凶犯津田三藏的真实照片。

▼ 尼古拉皇太子在海参崴为西伯利亚大铁路奠基的照片。

一 俄国"东进"同日本西扩相撞 047

都能得到保障。不过这条铁路的开建也刺激了英国,那个海上霸主此前认为自己控制着欧洲通向东亚的航道,此后俄国人却能通过陆路运输大量兵力到远东争霸,就开始萌生扶日抗俄的念头。

自"大津事件"之后,日本国内始终弥漫着一种恐俄感,认为俄国人迟早要报复。政府和许多人还把那两名帮助制服凶手的车夫称为"国民英雄",认为若无他们出手,出现了俄皇太子死亡,战争早就会爆发。俄国政府为表示感谢,也一直向那两名车夫定期寄钱补助生活。令人唏嘘的是,后来对俄战争爆发,早已死去的凶犯津田三藏却被日本人崇敬为"英雄",活着的车夫因领俄国的钱倒被社会上骂成"露(俄)探"。如此颠倒善恶,真令人唏嘘!

西方人所绘俄皇太子遇刺的场面,把日本刺客画成了野蛮土著形象。

西伯利亚铁路开工后,日本举国上下遥望蜿蜒于西伯利亚冻土上的冰冷铁轨在向东铺设,似乎看到俄国大熊毛茸茸的爪子一步步伸来。日本的政客兼铁路专家大石正巳就警告说:"日本的国家寿命将随着西伯利亚铁路的延伸而缩短。"

此时天皇和重臣标定的头号作战目标是"清国",不过他们认为取胜不难,俄国才是最可怕却又躲不过的敌手。若是那条铁路运输线修通,向朝鲜和满洲扩张的"大陆政策"岂不是要化为泡影?

日本高层受此刺激，大都达成一个共识，在西伯利亚铁路修通前必须打完两仗——第一仗打败中国，第二仗打败俄国！以后的历史进程，果然就是这样演进的。

二

日俄争夺满洲、朝鲜，
两个强盗走向火并

建设西伯利亚大铁路的历史照片。

西伯利亚铁路开工后,沙皇感到有实力实现"黄色俄罗斯"的理想,将满洲、朝鲜乃至千岛群岛都视作自己的"猎物"。日本明治维新后想实现"大陆政策",又要先取朝鲜、再夺满蒙,日俄必然迎头相撞。

甲午战争中,日军入侵中国东北、朝鲜,俄国就摩拳擦掌准备参战,并逼迫日本吐出辽东半岛。俄国利用参加八国联军侵华,又单独进占满洲还插手朝鲜事务,这让日本感到如鲠在喉,有了英美帮助后就敢以小打大,对"熊俄"拔刀相向。

甲午战争后"干涉还辽",日俄加速走向战争

1891年,即西伯利亚铁路开工这一年,日军参谋本部对华作战计划就拟定完成,同时也开始对俄侦察。不久前深入中国境内考察并主张对华开战的福岛安正少佐,此时又担负了打头阵任务。此人除母语外又精通中、俄、英、法、德五国语言,有"日本情报战之父"的称号。

西伯利亚铁路开工典礼的消息传出不久,已到柏林的日本使馆担任武官的福岛安正少佐便在一次酒会上似乎开玩笑地同德国军官们打赌,说他能用一匹马日复一日地行走,从柏林直走到海参崴。不服气的德国军官表示惊讶,马上说愿意提供几匹马换乘,并向俄

国提出过路要求，想以此创造一个骑马旅行的世界纪录。

俄国政府顾及德国的面子，又认为这是一次体育活动，竟同意了福岛少佐的旅行。于是，这个日军参谋本部的军事间谍用了15个月时间，一路上累垮或累死了8匹马，最后迎风雨冒霜雪完成了横跨两大洲的骑马之行，于1893年到达了海参崴。随后他连破烂的衣服都没换便跳上回日本的轮船，上岸后受到国民英雄般的夹道欢迎。

这项世界纪录对日本其实并不重要，日本参谋本部了解的是西伯利亚铁路沿线的第一手情况。福岛安正除详细记录了沿途侦察到的地理和驻军情况，还轻蔑地报告了过去被吹得神勇无比的哥萨克骑兵的现状，说"除了骑马之外，他们把祖宗的技能忘得一干二净"，"这些人根本没有受到训练"。

1894年夏天，日本自认为陆军、海军建设已对华有很大优势，便利用朝鲜内乱出兵，同进入当地的清军对峙。怯懦的清政府想避免战争，请英俄两国出面调停。此时英国已想扶植日本在远东作为遏制俄国的走卒，表面答应调解，实际却采取对日修改不平等条约的方式进行鼓励。结果改约的第二天，日本天皇就有胆量下动员令对中国开战。

俄国此时应清政府要求，提出了中日同时从朝鲜撤军的调解方案，日本却不肯接受。老沙皇此时病危，已难做出决策，俄国政府

▲
日本近代情报祖师爷福岛安正的照片，此人在甲午战争、参加八国联军和日俄战争中负责谍报，是日军中未指挥过军队而获大将军衔的唯一的人。

则就继续密切观望。

7月25日，日本舰队不宣而战袭击北洋舰队，发动丰岛海战，开始了对华战争。日本军队又闯入朝鲜王宫，以武力胁迫朝鲜国王"邀请"日军驱逐清军帮助其"独立"，蓄谋已久的侵华战争即中国所称的甲午战争（日本称"日清战争"）就此开始。

中日开战后，俄国就把地中海舰队主力万里迢迢地调到远东，使太平洋舰队有了10万吨位的军舰，远超过日本海军的6万吨位。俄国军政要人大多主张，让中日双方先打得两败俱伤，自己再出兵收拾残局以获得利益。

出乎俄国的预料，开战不过半年，已装备大量西方武器且声称走上"同治中兴"的清王朝竟不堪一击，辽东半岛和威海相继失守。过去崇拜中华文化的日本人，此时头脑中大都被灌输了本国已是"东方文化中心"而轻视中国人，日军标榜此战是"以文明对付野蛮"。在攻占旅顺时，日本军人见清军曾将本军几个侦察兵处斩并悬首城门（这也是清军过去的落后习俗），就下令屠城以示"膺惩"，结果全城2万余人几乎被杀绝。消息传出后，许多西方舆论也认为"日本是披着文明的外皮，而保留着野蛮的筋骨"。

以"脱亚入欧"标榜的日本，经济、军事水平上远远领先于依然封闭保守的清

▼
李武所绘的表现日军实行旅顺大屠杀的油画。

王朝。此前中国人想修铁路还遭遇顽固派反对，日本国内已完成铁路网并与轮船形成联运。甲午开战后半年间，清军靠徒步调兵只运送了十余万军队到前线，日军却能迅速集结17万部队运到中国。清军除在辽东摩天岭一仗有小胜外，基本都是一战即溃，双方在军事上已存在"代差"。

列宾油画《国务会议》，表现沙皇尼古拉二世主持开会的场景。

1895年3月，清廷因日军已攻入辽东半岛、胶东半岛，并准备进攻北京，派李鸿章到日本谈判求和。沙皇尼古拉二世此时召开了即位后的第一次御前会议，会上最担心的事就是"几年后日本天皇变成中国皇帝不是不可能的事"，因此认为必须以援助清朝为名打压日本。

此时俄国在远东的陆军只有5万人（因铁路未通也难增兵），便动员了3万人准备进入中国东北参战，不过面对南满10万以上的日军也难取胜。俄国远东的海军已有22艘军舰，还能对日一战。此时清朝只请俄国出面调停，并未邀请其参战。因为此前在北疆失地的教训让人明白"请神容易送神难"。若求俄军来华岂能不许以报酬？这个酬劳就会是领土权益。

1895年4月17日，赴日本谈判的李鸿章面对讹诈，请示朝廷后

二　日俄争夺满洲、朝鲜，两个强盗走向火并

▲ 表现马关谈判场景的油画，背向一边右为李鸿章，他对面为伊藤博文。

在屈辱的《马关条约》上签字，规定中国对日赔款2亿两白银，还要割让辽东半岛和台湾。马关条约签订次日，俄国马上做出强烈反应，沙皇让驻华公使劝告清政府推迟批准条约。接着俄国向各列强提出，希望共同劝告日本不得独占辽东，却只得到法、德响应。法国为针对德国已在1893年正式对俄结盟，因而要保持外交一致。德国则希望把俄国的注意力转向远东，也为日俄冲突推波助澜。4月23日，俄、德、法三国联合向日本递交照会，要求其向中国退还辽东半岛。

对迷信强权的国家，劝告时必须显示武力。俄国递交照会时，下令海军准备切断日本的海上交通线。已集中到烟台的10艘俄国军舰脱下炮衣，准备攻击占领威海的日本联合舰队。在日本长崎港内的俄国军舰也全天升火待航，官兵进入战位，日俄之间的战争近乎一触即发。

此时日本对中国作战已有九个月，军舰急需修理，陆军也感疲惫，参谋本部认为对付俄国一国的海军也无把握，何况有三国联合干涉。日本海上交通线若被切断，陆军也面临作战困难，如果此时发生波折，清政府还可能会毁约。接着，日本政府声称只求保留旅顺，俄国却说辽东的重要性即在于此，不能同意。日本政府被迫于5月5日同意"还辽",却勒索了中国3000万两白银的"赎辽费"。日军撤走时,在旅顺将清朝外购来准备修南满的6000吨铁轨和其他器材掠走,最后只让清军接收了被洗劫一空的城镇。

俄国出面"干涉还辽",清政府一时将其视为"恩人"。战后财力窘迫的清政府无力支付对日赔款时,俄国又主动提供贷款(却有很高的利息)解决了近一半的赔偿费用(另一半主要由英国借贷)。

自列强压迫中国后,清廷就有一个复杂的情结,对俄国既欣赏又恐惧,即佩服俄国专制一统的政治模式并认为其很稳定(实际上中国人不了解沙皇体制已是危机四伏),维新变法的代表人物严复、康有为就曾建议学习彼得大帝那种变革方式。俄国"干涉交辽"后,清朝便打破了过去"一体拒外"的外交政策,"联俄制日"成为朝廷的新思路。

此时光绪皇帝的老师翁同龢和湖广总督张之洞等要人,都认为

表现1896年沙皇举行加冕仪式的油画。

日本已是中国最大的威胁，英国对日袒护，美国不介入亚洲事务，德法又相距太远，只有联俄是可行之策。此时沙皇正好利用清廷对己有求，表示了同中国秘密结盟对付日本之意，还得到光绪皇帝的赞同。

1896年5月，沙皇尼古拉二世服丧期满将举行加冕典礼，此前俄国政府邀请清朝派重臣参加典礼。起初清朝想派布政使王之春作为代表，俄国驻华公使反馈称其"人微言轻"，认为只有李鸿章前往才能体现对此事的重视。此时清廷正有意同俄国拉近关系，便派这个精通洋务者以"钦差头等大臣"身份前往，并授予缔约权力。后来国内有些人将签密约归咎于李鸿章之误，其实若没有朝廷事先安排，他怎敢代表国家签订密约？

李鸿章到俄国后，在参与典礼的各国来宾中受到的欢迎最为热烈。据美国记者报道，他来到时的排场，仅次于加冕典礼的主角沙皇夫妇的入城仪式。在红地毯、仪仗队和隆隆的19响礼炮声中，俄国人传达的却是现实的利益考量——"借地修路"，即借中国之地，修俄国之路，并控制中国东北。

▼
英国报刊画家所绘李鸿章到达圣彼得堡时的情景。俄国给予超规格接待，沙皇就防日之事与他多次密谈。

李鸿章到俄后，财政大臣维特、外交大臣洛巴诺夫终日陪同并反复洽商，沙皇也约他密谈几次。据清政府档案记载，李鸿章奏报称沙皇对他说："我国地广人稀，断不侵占人尺寸地。中俄交情，近加亲密。东省接路，实为将来调兵捷速，中国有事亦便帮助，非仅利俄。"

这番鬼话，了解俄国扩张史的人都不应该相信。不过清廷及其代表李鸿章已是病急乱投医，听了沙皇及其重臣维特等人的许诺，于6月3日签订了一个《中俄密约》。此约双方长期不肯示人，十月革命后的苏维埃政府为揭露沙俄的侵略罪恶，才将其公布出来。

俄国人拟定的《中俄密约》，其主要内容是：如日本入侵俄国远东或中国、朝鲜土地，中俄两国应互相援助，战争期间中国所有口岸均向俄国兵船开放。中国允许俄国建造一条由满洲里入境、经哈尔滨穿越北满直达海参崴的铁路（这可大大减少西伯利亚铁路的修筑里程），无论战时平时均有权使用该铁路运送兵员、粮食和军械。

日本虽不知道《中俄密约》的内容，却大致了解李鸿章访俄的动向，便加紧备战。此前通过甲午战争，日本政府虽花费了2.3亿日元战费，很大一部分是增建军工厂设施，实际作战开销不过1.3亿日元。日本通过此战掠夺了2.3亿两白银赔款，又获得价值6000万两白银以上的缴获，按汇率可折算3.8亿日元，花费与所得相抵等于净赚了2.5亿日元，这相当于政府三年的财政收入。尽管如此，野心极度膨胀的日本却对吐出辽东半岛而举国激愤。战争一结束，明

◀ 李鸿章（前坐右）赴俄签订中俄密约时的照片。

二 日俄争夺满洲、朝鲜，两个强盗走向火并

▶ 日本强调"卧薪尝胆"准备对俄复仇时，小学生在校做游戏都要分成日俄两军模拟打仗。

治天皇就以"卧薪尝胆"激励臣民，国内普遍声称要在十年内进行报复。

通过甲午战争，日本夺取了台湾，通向大陆之路却要被俄国堵死。1895年以前日本国内的动员口号是"打败清国"，随后就改为"向俄国佬复仇"。

李氏王朝在日俄争夺中求生，朝鲜半岛又成角逐场

日本打败了庞大的清王朝，被西方公认为合格的近代意义上的国家。列强通过这一仗对日本另眼相看，以1894年7月《日英新条约》的签订为契机，到1897年底美、德、奥等15个与日本签订过不平等条约的西方国家先后与日本订立了新约，日本收回了幕府末期丧失的大部分全部主权，由被殖民者摇身一变成殖民者。

日本坐到资本主义列强瓜分世界的桌面前，第一个目标便是与自己有重大地缘利益的朝鲜半岛。

朝鲜最后一代王朝是李氏王朝，于中国明朝洪武二十五年即1392年建立，经历了26个国王，至甲午战争后才改称韩国皇帝。在此之前国王即位还要由明、清两朝册封，对华有着宗藩关系而只能称"王"不能称"帝"。

1894年日本发动甲午战争，借口就是"帮助朝鲜独立"。开战前夕的7月23日，日本驻朝鲜公使大鸟圭介率士兵冲进王宫，轻易控制了王室成员，逼迫高宗国王在"邀请"日本出兵帮助驱逐清军的函件上用玺。这个过去较亲近清朝的国王被迫从命后，日本马上对外宣布朝鲜国王的函件，发动侵华战争就似乎冠冕堂皇！

名为让朝鲜"独立"的日本，却让驻朝公使大鸟完全控制高宗国王，还逼迫朝鲜政府"聘用"他担当"顾问"。日本兵在大鸟率兵闯宫行动中还开枪开炮杀人，并对宫中财物进行了一次掠夺。对清军作战期间，日军完全占领了汉城、平壤等地，将朝鲜半岛当成进兵中国的通道，还强迫李氏朝廷下令为自己征集民夫。

日军对清军作战节节获胜后，对朝鲜的控制也日益加强，内务大臣井上馨接任驻朝鲜公使后安插亲日大臣，实行包括官职、行政、教育、警察、司法、社会、财政、文化等方面的改革措施共208条，史称"甲午更张"。看到清朝惨败已无法依靠，朝鲜国王李熙于1895年1月7日率领世子、百官参拜汉城宗庙，宣布"洪范十四条"，其中第一条即宣告"割断依附清国虑念，确建独立自主基础"，以

朝鲜高宗李熙画像。

表现日军进入朝鲜的画作。

往的朝贡、奉献等礼仪全部废止，对华几百年的传统宗藩关系就此终结。

清帝国在甲午战争中一败涂地后，在《马关条约》第一条就承认朝鲜国为独立自主国家。战后日本却抛掉虚伪宣传，仍以部分军队留驻汉城，并扶植亲日势力。

清王朝从朝鲜半岛"出局"后，日本和俄罗斯又在朝鲜半岛开始了一番"黑吃黑"的"熊狼斗"。朝鲜上层看到俄国能逼迫日本"还辽"，也幻想依靠这个北方强邻。国王李熙之妻闵妃（朝鲜改国号为大韩帝国后追封"明成皇后"）因丈夫软弱，自己一直干政。此前她力主引进外国势力抗清，甲午战争结束后又要求联俄驱日。闵妃还同俄国公使卡尔·维伯联系，力主改组内阁让李范晋等亲俄派掌权，这就激起日本公使的愤怒而决心除之。

1895年10月8日拂晓，日本公使馆根据事先制定的名叫"打狐狸"的计划，以百余名日本浪人、军人突然冲进汉城王宫，逢人便砍，闵妃在暴乱中被杀死。接着，日本公使又率兵闯进宫内逼迫高宗李熙下达"断发令"并率先剃发。高宗愤恨不已又不敢反抗，便以闵妃葬仪在即为由请求延缓几天。日本公使却不答应，包围王宫的日本军队还高声叫喊"留发不留头"，高宗无奈只好低下头任人剪头。

朝鲜高宗眼看着妻子被日本人虐杀，自己的头发也被日本公使逼着当众剪断，所受的侮辱真是现代世界各国皇室所罕见！

闵妃的画像。

驻汉城的各外国使团看到日本军队和浪人的暴行，开始也指责这是罕见的野蛮作为。日本政府则诡称这是朝鲜的"宫廷政变"，本国浪人只是应邀参加并有些过分之举，接着匆忙将参与这一行动的人送回国内广岛监狱扣留，最后轻描淡写地做了一些象征性处罚。想利用日本遏制俄国的英国人，此时认为把韩国托给日本"保护"是适当措施。美国政府则指示它的公使不要发表任何对日本不利的议论。

本来在朝鲜没有多少势力的俄国看到日本的暴行，认为插手的机会已到，马上从停泊在仁川港外的一艘俄国军舰上召来100名水兵开进汉城，声称要保护俄国公使馆。不久，又有一支120名水兵的部队也加入进来，俄国公使还劝说受到惊吓的高宗到俄国公使馆避难。

1896年2月11日黎明时分，高宗和王储乘着天黑秘密出宫，在前来接应的俄军护送下前往俄国驻汉城公使馆。天亮后，许多高官

二　日俄争夺满洲、朝鲜，两个强盗走向火并　　063

和首都的朝鲜人得知此事，纷纷涌进俄国公使馆区域内，一时百姓、军人、警察挤满了整条大街，欢呼高宗成功逃入俄使馆。

当天，日本驻朝鲜公使小村寿太郎赶到俄国公使馆，拜会俄国公使施佩耶，要求高宗返回皇宫，高宗表示拒绝。此事成为朝鲜历史上著名的"俄馆播迁"。

住进俄国使馆的高宗接着发布多道旨意，罢黜全部亲日大臣，并将他们定为"逆贼"，结果其中一些人被朝鲜民众活活打死，还有数十人逃亡日本。此事让日本感受到重大挫折，公使小村寿太郎就哀叹："天子为敌所夺，万事休矣！"

"俄馆播迁"后，日本迅速增兵汉城并扶植亲日派，俄国因在朝力量不强暂时采取缓和措施。1896年6月9日，双方在莫斯科签订了"山县—洛巴诺夫协定"，规定日俄对朝鲜共管。日本提出以北纬38度线划分日俄在朝鲜势力范围，因汉城在这条线以南要由日方控制，俄方对此不肯答应。

这条分界线虽然没有实现，不过"三八线"这一分裂半岛的概念就此出现，在后来又造成不尽的历史麻烦！

一国之主到外国使馆内住了一年，在近代世界史上可谓罕见之事。高宗在那里发现俄国人也非善类，朝鲜大臣能否见自己都要由俄国公使决定，国政也由亲俄派首领李范晋办理。1896年5月，由闵泳焕和尹致昊率领的韩国代表团到俄国与外交大臣洛巴诺夫订立了一项条约，中心内容是"由俄国保护朝鲜君主，如果有必要将增派军队"，"俄国派出军事训练和财政管理顾问，这些人将受俄国公使指导"。

按照这一条约,俄国将成为朝鲜的保护国,政界对此普遍表示愤怒,一些人表示要用武力冲击使馆抢回高宗,俄国公使只好放行。

高宗离王宫一年后又返回,为显示自主,1897年2月在德寿宫称皇帝,将国号改为"大韩帝国"。这个弱国却没有建立起像样的军队,命运只能由日俄的争夺来决定。

1898年俄国强租旅顺后,日本外务大臣西德二郎向俄国驻东京

表现日俄争夺韩国的漫画。

公使提出了"朝鲜归日本,大清国东北归俄国",结果马上被拒绝。1900年夏秋之际,俄国出兵占领了中国东北,日本感到再不能容忍。1901年8月,日本投资建设纵贯半岛南部的汉城至釜山铁路开工,并准备向北延伸到鸭绿江边,目的是战时能迅速运送日军,这同西伯利亚大铁路有异曲同工之效。

此时日本上层对俄态度发生了分歧,出现了"满韩交换论"和"日

二 日俄争夺满洲、朝鲜,两个强盗走向火并 065

英同盟论"两种意见。伊藤博文、井上馨、陆奥宗光等重臣认为对俄开战难获胜，主张承认满洲归俄国以换取朝鲜归日本。山县有朋、小村寿太郎、桂太郎等人则主张与英国结成同盟，对俄不惜一战。

明治天皇因对俄国有畏惧心理，起初倾向于"满韩交换"。1901年11月，刚卸任首相半年的伊藤博文代表本国访问俄国，按天皇的意见提出了谈判方案。

通过逼迫李鸿章签订《马关条约》那场狠毒表演，中国人的印象中伊藤博文简直如同凶神恶煞，其实此人当年在日本上层算是"稳健派"。他访问俄国时，沙皇尼古拉二世给予了现任首相的礼遇，用金饰马车请进冬宫。会谈开始后，伊藤就备感失望，因沙皇只是虚情假意地表示很快会从满洲撤军，对朝鲜却提出"双方共同经营"。伊藤博文见俄国连韩国也不肯放弃，回国后也改变了态度，同意对俄作战，前提是必须对英结盟。

韩国在日俄争夺中，成了日本绝不肯放手的第一个目标。后来日本对俄宣战，韩国尽管宣布恪守中立，日军却首先派兵占领汉城等重镇，并抢建铁路通向鸭绿江北。军力衰弱的韩军几乎没有抵抗，短期进入朝鲜北部的少量俄军也匆忙撤走。1905年9月日俄议和时，俄方承认朝鲜由日本自由处置。同年11月日本就强迫韩国政府签订《乙巳保护条约》而将国家交日本"保护"，伊藤博文担任韩国"总监"，成为"太上皇"。随后朝鲜北方发起"义兵"起义，遭日军镇压很快失败。朝鲜志士安重根认为伊藤博文是想灭亡自己祖国的罪魁祸首，于1909年在哈尔滨车站开枪刺杀了这个正前往俄国再议势力范围划分的日本元老。

刺杀侵略头目虽能产生轰动世界的效应，安重根后来也一直被朝鲜人民视为民族英雄，不过这种暗杀行动不可能挽救国家。其实伊藤博文主张保留韩国的傀儡皇帝，不赞成匆忙"合并"，他的死反而加快了朝鲜被吞并的步伐。1910年8月22日，日本派到朝鲜的新"总监"寺内正毅强迫韩国末代皇帝纯宗李坧接受了"韩日合并条约"。传国519年、传王27代（包括两个皇帝）的朝鲜李氏王朝亡国。

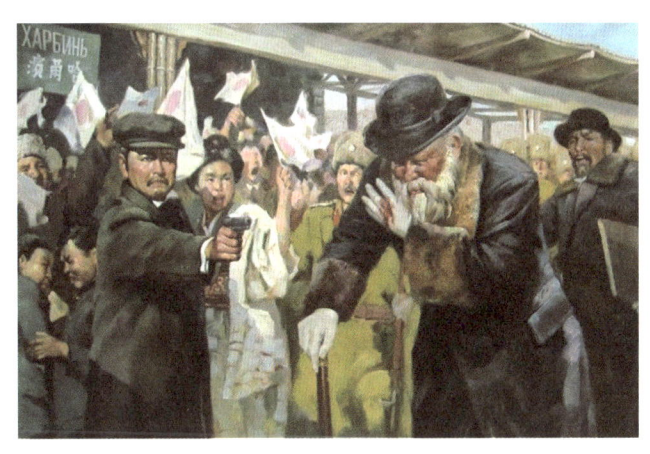

▲ 朝鲜油画《安重根击毙伊藤博文》。

朝鲜在日本对俄战争中被轻易吞并，是因为国家太弱，连宣布"中立"都无人理。当时中国的领土受两个强盗蹂躏，却毕竟能置身于战争之外保全政权，还是因国大而力量强些。近代"弱国无外交"，由此也可见一斑！

俄军侵占中国东北，英日结盟准备开战

俄国"干涉还辽"成功后，甲午战争时实力得到大大增强的俄国太平洋舰队就认为不能再沿用夏季驻泊海参崴、冬天到日本长崎以躲避冰层封港的旧例，要寻找"不冻港"，旅顺又成了他们的目标。

李鸿章于1896年春天访问俄国后，又访问西欧和美国，考察了

政治、经济、军事、科技和文化，深切地体察到中国和西方的差距，回国后如实地向光绪皇帝和慈禧陈述了所见所闻，也产生了对国内维新派的同情。他返国后曾对黄遵宪说："二十年无事，总可得也！"没想到话音未落，刚达成性质属秘密结盟条约的俄国就来勒索领土利益。这也不奇怪，帝国主义国家在强权法则下，对有实力的盟友才会尊重，对软弱的结盟者往往会先损之以利己。

1897年12月，俄国派出舰队闯进旅顺港过冬，接着威胁引诱并用，迫使清朝于1898年3月签订了把旅顺及其附近之地"租借"给俄国25年的协定。

刚从狼嘴中讨回来的肉，这次又落入了熊口，中国人就此认清了沙俄"干涉还辽"的真实用心。

后来沙皇的主要幕僚维特在回忆录中，曾认为租借旅顺是俄国最大的失策，他当时曾坚决反对，军方却力主并得到沙皇同意。此举不仅得罪了刚签下密约的中国，也刺激了英国、日本，并直接酿成后来的日俄战争。其实沙俄的这一做法，是其扩张国策的必然产物，不是维特个人所能改变。他所主张的"缓和"政策，到头来还是要激化矛盾，至多推迟一些时间。

俄国强租旅顺，一时带动了列强"瓜分"中国的狂潮。在1898年内，德国舰队开进胶州湾，强迫清政府

▶ 俄国财政大臣维特的油画肖像，当时他被称为欧洲最为杰出的外交家之一。

将青岛"租借"给它。同年,英国又在日军撤出威海卫将其继续强租,法国则"租借"广州湾即湛江港。

在这次列强在华的争夺中,沙俄态度最为狂热,占领旅顺及其附近后就大修港口、道路、炮台和房屋,并新建了"达里尼"城("大连"一名就是由这句俄语音译)。早年由山东赴俄务工并加入俄籍的"远东华人首商"纪凤台随俄军前来此地,利用任俄军首席通译官之便,在中国东北与山东、华北之间搞贩运牟取暴利,还承包了港口码头修建,并在"达里尼"和旅顺各建造一座大戏院,还营建许多楼房。许多俄国工商业者、投机者也赶到此地搞开发,大批中国的商贩和务工者也来此地谋生,一座新兴城市几年内就拔地而起。

纪凤台的照片。他曾是大连首富,也是远东华人首富,帮助俄军在当地经营。

为从陆路供应新建的"达里尼"城和旅顺,俄国当地原定建筑的"东清铁路"即从绥芬河到满洲里的铁路中间又向南延伸出一条线路,即哈尔滨到旅顺的铁路,这一"T"字形的中东铁路就此纵贯了中国东北。

中国面临着亡国的危机,刺激

表现俄国人修建中东铁路的画作。

二 日俄争夺满洲、朝鲜,两个强盗走向火并 069

了国内下层民众中的一些人组织起"义和拳",慈禧太后等顽固派对其利用时改称义和团。拳民虽有反帝激情,却出现狭隘的排外情绪,出现进攻外国使馆、教堂、破坏铁路的现象。列强以援救驻北京的使馆为名,在1900年夏天在天津组织起2万人的八国联军。在联军中,日本因与中国邻近,所调来的兵力有1.2万人而占总数一半,数量其次为旅顺调来的俄军4000多人。8月14日,联军攻占北京,后来在对日战争中担任旅顺俄军要塞司令的史特塞尔,此时正是率俄军进城的旅长。他带头冲入皇宫抢掠,将价值80万两白银的珠宝据为己有,此后还得意地向同僚宣称:"我们可把北京的皇宫洗劫得不轻!"

义和团运动扩展到东北时,一些团民也攻击了来华进行侵占性修路的俄国人,中东铁路工程一度停止。远东的俄国官员马上叫嚷要"报复",并把目标对准黑龙江北面的海兰泡和江东六十四屯的中国居民,同时也想利用这一机会永久夺占华人在江北这块仅剩之地。1900年7月16日,俄军在对黑龙江南岸的瑷珲城发起进攻时,也宣布"驱逐"江北的中国人。

这次驱赶实际成为一次屠杀,当时俄国革命的领袖列宁就发表了《中国的战争》一文,愤怒地揭露俄军的行动说:"他们杀人放火,把村庄烧光,把老百姓驱入黑龙江活活淹死,枪杀和刺死手无寸铁的居民和他们的妻子儿女。"列宁还总结说:"沙皇政府在中国的政策是一种犯罪的政策。"

日本为了丑化俄国,也大力宣传"阿穆尔河(俄语对黑龙江的称呼)流血事件"。据后来估计,这一事件中死亡的中国人在5000

黑龙江黑河的瑷珲历史陈列馆内表现江东六十四屯大屠杀的油画。

人至 7000 人之间。面对国际谴责，1901 年沙俄政府假惺惺对此事进行"调查"，声称是"反应过度"，只是将军区司令免职，把当地指挥官和警察局副局长监禁三个月。当清政府派人提出恢复江东六十四屯管辖权并让华人返回时，俄方却一直拒绝。

义和团运动发生时，沙皇尼古拉二世认为是实现"黄色俄罗斯"计划的大好机会。此时西伯利亚铁路多数地段已通车，俄军便通过火车、马车接力运输，在远东集结了 17 万兵力，接着大举入侵中国东北。清军在此地的军队名义上有 9 万人，真正能战者很少，只有少数人进行了抵抗，多数清军或溃散或被俄军缴械。1900 年 10 月，俄军占领了中国东北各重镇，并在 11 月 9 日逼迫奉天将军增祺与之秘密签订了一个《奉天交地暂且章程》。这个名为准备"交地"的

二　日俄争夺满洲、朝鲜，两个强盗走向火并

条约，却规定俄国要在满洲设"总管"监督当地将军，清朝不能设军队只能建警察且要由俄人统领，等于变相地变东三省为俄国殖民地。

此时，慈禧太后带着光绪皇帝已逃往太原并转赴西安，得知奉天将军增祺私自订约便将其革职，并派驻俄公使杨儒与沙俄重新谈判。清廷还要已任两广总督的李鸿章北上，负责同列强议和。他乘船到达上海时，俄国马上派军舰护送其到天津，接着派兵把他送到北京想予以控制，其他列强也想控制李鸿章以达到自己的目的。病势垂危的李鸿章又采取惯用的"以夷制夷"，利用列强矛盾保护清政府的利益。

此时俄国主张瓜分中国，认为可轻易得到长城以北之地，日本从自己的战略目标出发却坚决反对。实力最强的英国和美国也主张保留清政府，因这两个"商业资本主义"国家认为直接出兵统治一部分中国土地付出代价太大，还不如实行列强在华"利润均沾"。

后来美国和国内一些亲美的人吹嘘"门户开放"政策，认为这挽救了中国被瓜分之危。其实英美只是侵华手段不同，他们注重以商贸谋利，只

▲ 俄国画刊中表现的俄军进入中国东北，表露出建立"黄色俄罗斯"的迷梦。

▶ 1900年李鸿章到北京和谈时，俄军实行"护卫"的画面。

派驻军保护商贸利益和扶植其代理人，这样付出少而获利更大，哪里是"有恩"于中国？

列强占领北京后争吵了一年，"门户开放论"最终压倒了"瓜分论"。1901年9月，列强一起同清廷签订了"只赔款、不割地"的《辛丑条约》，要求中国偿付4.5亿两白银赔款，各国从中国撤军后仍可在北京建立兵营，等于让列强一起"监管"清政府的首都。

法国杂志讽刺列强瓜分中国，右一为日本武士，右三为俄国沙皇。

俄国虽对《辛丑条约》不满，受他国压力只好签字，却声称满洲问题要单独对华交涉，接着仍要清廷承认"奉天交地暂且章程"。此时还未从西安返回北京的清廷想找替罪羊推卸责任，从而演出了近代中国外交史上荒唐的一幕。

清廷就签字一事电告李鸿章，要他"全权定计，朝廷实不能遥断"。签过《马关条约》《辛丑条约》而遭天下唾骂的这个重臣，此时不想在临死前再背黑锅。他面对朝廷让自己"定计"，俄国公使又不断催促，只说自己难签，而致电在圣彼得堡的中国驻俄公使杨儒说："内意已松"，"即酌量画押，勿误"。这又是将责任下推。

杨儒头脑清醒，知道若签如此丧权之约，日后朝廷为谢天下可能拿自己问罪，便回电坚称："画押须有切实电旨"，"不敢擅专"。清政府处于不敢下旨的尴尬状态，李鸿章则同俄国公使反复交涉想修改"交地章程"。

11月7日，李鸿章口吐鲜血行将离世一小时前，俄国公使还来到病榻前想逼他签字，甚至想让其助手拿出官印盖上。此时李鸿章只是闭上眼睛不答话，次日《纽约时报》记者从北京发回的报道题目就是《李和俄国公使激烈争论后吐血逝世》。

俄国对清朝施压，倒是刺激了日英两国。此时日本认为满洲、朝鲜如落入俄国之手，会威胁自己的"生命线"。英国想遏止沙俄扩张又在远东需要帮手，二者一拍即合。此前百年间，英国一直标榜"光荣孤立"，没有和任何国家缔结过同盟。此次因在南非进行布尔战争消耗国力太大，德国崛起又威胁其本土，这才改变了百年国策，不惜同一个实力还远不能同自己相提并论的亚洲国家结盟。

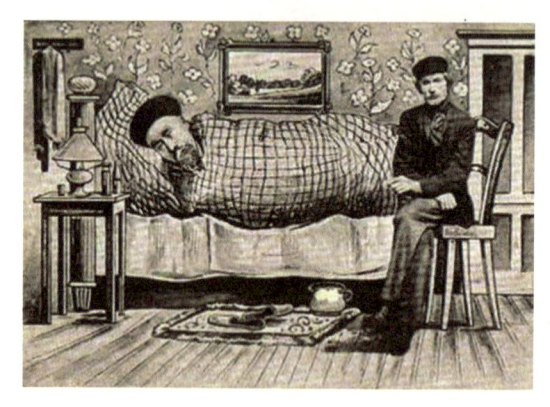

▲ 八国联军盘踞北京时的绘画，表现李鸿章病势垂危时的情景。

1902年1月30日，《英日同盟条约》签订，共同的对抗目标明显指向俄国。此时日本人看到本国能与世界最强国结为同盟，大都感到惊喜万分，对俄国开战才有了底气。

英日签订的这个同盟条约以不指名的方式规定，缔约双方一方同别国开战，另一国要提供援助。若敌对国有盟友参战，缔约双方就要一同参战。了解当时国际形势的人都明白其含义，那就是日对俄国开战时英国要援助；若是俄国的盟友法国参战，英国也要参战。

此时法国急需英国帮助其抗德，绝不会为了沙皇这个貌合神离的盟友而冒险对英开战。《英日同盟条约》的签订，等于宣布日本打俄国有英国支持，俄国却会孤立无援。

看到英日结盟，沙皇被迫做些让步。1902年4月，俄国同清政府签订了《交收东三省条约》，规定俄军一年半内分三期撤出满洲，却不包括"租借"的大连、旅顺。随后俄国公使又向清廷提出再订密约，内容是保留俄国在满洲的路矿权和铁路沿线驻兵权，并可在全满使用卢布，这等于继续控制东三省。

1902年春天，俄国从东北少量撤军，清朝派官员收回了奉天等城市。同年底，俄军在中国东北仍留驻7万人，重点守卫旅顺、辽阳。1903年夏天，俄国见清政府不同意再订密约，便又开始增兵，同年底在中国东北地区的兵力增至9.8万人。由于哈尔滨至旅顺的铁路已开通，俄国就将旅顺作为东方的最大据点来建设，驻军达到4万人。

看到俄军不撤反增，日本连同英国、美国一起对沙俄提出交涉，清政府也希望日英等国能

西欧描绘俄军进占中国满洲的画作。

对俄施加压力以迫其撤军。此时沙皇身边重臣出现了两派意见。以财政大臣维特代表的一派主张先采取缓和措施以等待西伯利亚铁路

通车，以陆军大臣库罗帕特金为首的高级军官则傲慢地认为"丢一个帽子就能把日本压垮"而不必让步，尼古拉二世最后支持了军方的意见。

1903年初，俄国根据沙皇尼古拉二世野心勃勃的要求，制定了一个重点加强海军的扩军计划，其要求是：俄国波罗的海舰队的力量与德国波罗的海舰队相当；俄国太平洋舰队的力量与日本舰队相当；俄国黑海舰队有能力击败土耳其舰队并穿过土耳其海峡进入地中海。

仔细分析，提出这种计划的人真是痴心妄想！此时俄国的工业产值还不到德国四分之一，怎么能指望海军有实力同时对付德、土、日三国？俄国扩充舰队的重点是在波罗的海防范德国，其次是在黑海方向，第三位才是远东。俄军预计到1906年再向太平洋舰队增调10艘战舰，使其实力超过日本舰队，这明显是对日本迫在眉睫的进攻估计不足。

为了解日本的动向，1903年开春后俄国陆军大臣库罗帕特金曾前往访问。他参观了陆军训练，惊讶地发现日本兵演练刺杀格斗时竟然不用护具，不怕受伤，"那是一场真正的打斗"。不过他仍认为日本兵"身体矮弱"，并吹嘘说："一个俄国兵可以对付三个日本兵，而我们只需要14天的时间就能够在满洲集结40万大军，这已经是击败日本陆军所需数量的三倍了。所以说将来要发生的与其说是战争不如说是一场军事散步更为合适。"

▲

俄国陆军大臣库罗帕特金。

俄国一些有见识的军官却认为日军实力强悍不好对付，陆军部就认为本国在远东的陆海军实力还不如对手。1903年9月，他们制定了一个作战计划，预想日军发动进攻时，陆军应坚守旅顺、海参崴，舰队也暂避于港内，等待欧洲援军。当日军深入后援不济时，俄军准备在辽阳、哈尔滨等地决战，海军则等待增援到后再出战击溃日本舰队。

从后来的战况看，俄军这份计划还算头脑清醒。不过尼古拉二世仍狂妄自大，他在1903年10月对来访的德皇威廉二世说："1904年俄日战争不会发生，因为俄国还没有做好准备。"从这话可以看出，他认为是否开战会由自己掌握。

此时整个沙俄的统治阶层都认为，"俄国不去进攻，就已经是日本的幸运了"。沙皇在内部就宣称"时间是俄国的盟友"，决定对日进行谈判就是以敷衍来拖日子。

1904年初，西伯利亚大铁路只剩贝加尔湖边100多公里的艰难山路还未打通。此刻，尼古拉二世一心盼望1905年内西伯利亚铁路能全线通车，日本却不会给他这个时间。

向英美借到战费后，日本下决心突袭俄军

1901年秋《辛丑条约》签订后，日俄矛盾激化，日本的一批少壮军官就主张尽快对俄开战，认为"再拖延一个月，甚至拖延一天，都是对俄国有利的"！

赵力中油画《辛丑条约》。

伊藤博文在1901年12月访问圣彼得堡时，仍想寻求"满鲜交换"。在那里留学并到俄军做过考察的田中义一少佐就跑到这个日本"维新元勋"面前叫嚷："眼下是开战良机，越快开战越有利。"田中是俄国问题专家，后来回国步步高升，还担任过首相，臭名昭著的"田中奏折"就与他有关。

此时留学俄国、后来战死在旅顺口的广濑武夫也认为俄军的作战能力不足惧。在他眼中，俄国海军学校和日本江田岛海军学校相比简直是异类，学校中大批学员考试舞弊、拉帮结派和纪律涣散。"玩女人、跳舞是他们最拿手的。"广濑武夫对俄国海军发出的评价是——"根本看不到一

田中义一，此人后来当过日本首相。

点战斗力"！

伊藤博文虽认为田中义一等人说的有些道理，却又斥责开战论是"黄口小儿的胡说"（其实此年田中义一已38岁），并阐明自己的顾虑说："日元和卢布差不多等值，但俄国有20亿卢布的经费，日本只有2亿日元。"

此刻从日俄两国实力看，差距的确极为悬殊。俄国年财政收入有20亿卢布，人口为1.4亿，年钢产量200多万吨，能自产战舰（舰上重要部件还需进口）。日本人口为4400万，产业结构还是以轻纺为主，年钢产量仅几万吨。日本因财政困难只供养常备陆军20万人，俄国常备陆军却有200万。日本海军总吨位在十年间由6万吨急剧增长到26万吨，俄舰则总共有56万吨。

日本想扩军和打仗，最大的难题就是缺钱。此时其国内只能自产轻型巡洋舰（许多机件还要进口），大型战舰及其弹药还需在英国、意大利等国订购。日本陆军武器基本能够自产，原料也大多需要外购。从1899年至1903年间，英国将刚定型建造的6艘最新型的世界上最先进的战列舰卖给了日本，却要收现金，连借贷购买都不同意。

至1903年末，日本为扩军已花光了清朝的赔款，同年税收只有1.6亿日元，加上此前财政结余和发行国内公债，能积攒的战费也不到5亿日元。军方和财政要员们估算，对清朝九个月的战争花费了2亿多

▼
1900年，英国将刚下水的战列舰卖给日本命名为"初濑号"。

日元，若同强大的俄国打一年仗，需要三倍于此的战费（事后证明还不止）。如果弥补不了这个经费缺口，开战不久就会出现军队"断供"。

由于《英日同盟条约》的矛头是抗俄，日本开战前又向英国借贷，总算借到5000万日元，年利却高达6%（当时国际借贷利率通常是3%），并以在英国订制建造的下一批军舰为抵押。英国的意思很明显，还不了债就扣舰，这个盟友利用日本抗俄还如此苛刻！

日本此时出现了找贷款的一个大功臣，那就是银行副总裁高桥是清。明治维新前夕此人还是少年时，就到美国打工，18岁回国当了英语教师，后投身银行业。高桥是清先后在美国和英国成功兜售日本国债，可谓是保障本国能打赢对俄战争的第一功臣。

▲
高桥是清被日本尊为"财神"，1952年发行50元日元的钞票印有他的头像。

高桥是清见本国在英国发动债券收获不多，战事又已开启，就马上赶赴过去熟悉的美国，幸运的是很快就找到了一个"救星"——犹太财团。

俄国有强烈的反犹传统，境内500万犹太人经常受欺压，不少人移民美国。他们痛恨沙皇，加上美国政府想遏制俄国在太平洋的扩张，也鼓励犹太人对日借贷。于是，高桥是清在1904年初春赴美一行就获得2亿美元借款，按汇率算达5亿日元。

日本对俄开战后连连取胜，英国看到这个盟友的确有用，又提供了一些借款。高桥是清后来被称为对俄战争的"头号功臣"，还当过一届首相、八届大藏相（即财政部长）。1936年日本少壮军人发动二二六兵变时，因这位82岁高龄的大藏相此前反对增加军费，竟闯进卧室将他击毙。军国主义分子后来的疯狂程度，由此可见一斑！

解决了钱的问题，日本认为开战已有局部优势。俄国海陆军主力在欧洲用于防范德国，在远东（包括满洲）只维持12万陆军，太平洋舰队也仅有19万吨位。日本熟悉俄国问题的军官，又认为本国军人在战斗精神上超过素称剽悍的俄国，内部凝聚力和指挥水平也高。

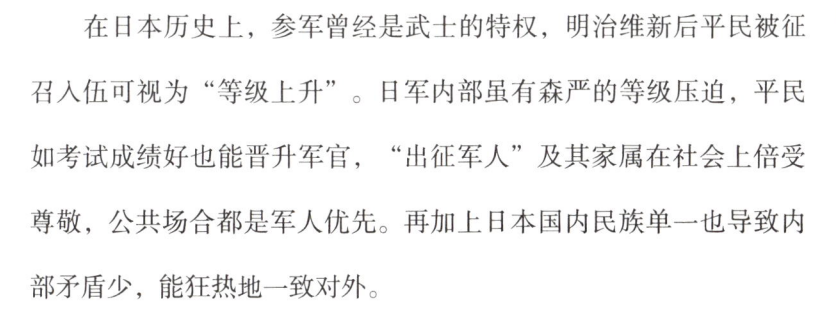

俄国所绘日本向英国和美国乞求借款的漫画。

在日本历史上，参军曾经是武士的特权，明治维新后平民被征召入伍可视为"等级上升"。日军内部虽有森严的等级压迫，平民如考试成绩好也能晋升军官，"出征军人"及其家属在社会上倍受尊敬，公共场合都是军人优先。再加上日本国内民族单一也导致内部矛盾少，能狂热地一致对外。

俄国虽然进入帝国主义列强之中，却保留许多封建农奴制的残余，官兵关系又是一个缩影。俄军中的军官大多出身世袭军事贵族，升迁往往靠裙带关系，平时疏于公务而流连于豪华享乐场合。俄军士兵只能终身为兵，且如同叫花子和奴仆而被列入了下等人之列，不许到头等车厢、餐厅、剧院等公共场所，甚至公园的牌子上还写着"兵丁一律禁止入内"。

俄国海军更是贪腐者的乐园，此前出现过新下水的"苏沃洛夫

二　日俄争夺满洲、朝鲜，两个强盗走向火并　　081

公爵"号战列舰在试航时甲板散开的惊人新闻，事后检查发现舰上铆钉已被偷卖得精光而用木楔连接起来的。整个俄军的根子已经腐烂，只有被贵族军官蔑称为"虔诚的灰色牲口"的士兵们坚忍耐苦是优点。

沙皇统治下的俄罗斯，被称为"各族人民的监狱"，其境内又有100多个民族并有许多在进行争取独立的斗争。沙皇的专制统治，遭到有资产阶级民主思想的知识分子普遍反对，国内还有很多反沙皇专制统治的政党、民间团体。俄国一旦战局不利，暴露出沙皇统治的弊病，肯定会掀起内部反抗的浪潮。

从经济上分析，沙皇俄国其实也是外强中干。其年财政收入虽有20亿卢布，外债总数却达30亿卢布（主要借自法国），每年支付的外债利息就需1.3亿卢布。俄国因内部矛盾尖锐导致发行国债没有多少人认购，再借外债也不易。

俄国虽有种种不利之处，毕竟表面上还是国大力强。1904年初即开战之前，日本上层一直在争论是打还是妥协。1901年，明治维新的元老伊藤博文改任枢密院议长，由原来强硬的陆军大臣桂太郎担任了首相，等于组成了一个"战时内阁"。

明治天皇直至开战前还在犹豫，想致电沙皇以"满鲜交换"求得妥协。桂太郎和其他重臣认为这已经不够，主张在满洲问题上要俄国再让一步。

对俄开战时的日本首相桂太郎。

1904年2月4日，明治天皇出于心虚，向沙皇发电提出最后一个解决方案，要俄国承认日本支配朝鲜，日本只承认俄国控制旅顺、大连而要求其从满洲其他地区撤军。

两天后，沙俄对这一电报也没有答复。2月6日，天皇下了开战决心，要求政府宣布同俄国断绝外交关系，却并未宣战。俄方认为此举只是施加压力，并不相信战争要爆发。

明治天皇下达开战令前，陆海军就已制定好计划，就是先要麻痹对方，首先突袭消灭俄远东舰队或将其封锁在旅顺港内，再以陆军登陆击溃俄国满洲军，待占领了旅顺口和南满其他要点后再打俄国陆海援军。

日本的这个计划，是把宝押在初战必胜上的冒险赌注，如初战不胜或打成僵局，俄国大量援军赶到，自己就必败无疑。为达此目的，日本不顾任何道义和国际法，先突袭对方舰队主力，以夺取海上优势。可以说，37年后的偷袭珍珠港，已经在此时做了一次预演。

◀

日俄战争时西方的漫画描绘美国和英国推动日本对俄国开战。

二　日俄争夺满洲、朝鲜，两个强盗走向火并　083

三

日军偷袭旅顺口
揭开日俄战幕

提起旅顺口，俄国人、日本人和中国人大都很熟悉。这个军港在近代世界战争史上有重要地位，是清政府北洋海军的基地，也曾是俄国太平洋舰队的主要基地，同时成为日军最重要的攻击目标。

俄军占领下的旅顺口画面。

1904年2月6日，日本驻俄公使以照会宣布两国断交，接着从奉天通往旅顺的电报线已经被人偷偷切断（肯定是日本特务所为）。日军即将对俄开战，已是秃子头上的虱子——明摆着的，国际上明眼人都看得清楚。令人惊叹的是，沙皇尼古拉二世和俄国驻远东的高官却异常昏聩。他们还陶醉于本国强大的盲目自信中，认为"东洋矮子"根本不敢动自己（这与美国高层在日军偷袭珍珠港前很相似），结果海军在旅顺遭受意外偷袭而受到重创。

日本鱼雷艇夜袭旅顺口，俄国三大舰受创搁浅

2月8日，圣彼得堡的电码破译部门已译出了所截获的日本发往西欧使馆的外交密电，得知远东的作战行动即将开始。这一侦察成绩，同后来美国在日本偷袭珍珠港前已破译了日本外交密电非常相像。

对日关系紧张后，有悠久谍报传统的俄国情报机构对日本在欧洲的外交活动就展开了侦察。俄驻荷兰使馆内的情报头子通过收买一个日本驻海牙公使馆的当地女佣，让她偷到了密码本拍照后再放回。这样，日本发往欧洲使馆的电码有一些在国际电报局被俄谍截获，就能让情报部门迅速破译。

获得了一项情报，却不等于最高层就能相信，这个破译成果送上去后却受到怀疑。在 2 月 8 日上午的御前会议上，外交大臣拉姆斯多夫预言"战争可能未经正式宣布即行开始"，沙皇仍不太相信。

在彼得堡西边的喀琅施塔得港口内，当地海军司令、人称"俄国最优秀的海军将领"马卡洛夫海军中将也嗅到战争气味。2 月 8 日当天他专门致函海军部，提请注意驻旅顺舰队的危险处境，建议将舰队开进内港。远在万里之外却熟悉旅顺港内舰队部署的马卡洛夫说，如果不采取这样的措施，"则我们将被迫于首次夜间遭突袭之后才这样做，那就要为这个错误付出重大代价了"。

马卡洛夫这个建议，照例被海军统帅当成耳旁风，彼得堡城内的上层依然歌舞升平。

2 月 8 日白天，旅顺城内也出现了一个令人议论纷纷的不祥征兆，就是日本租用的一艘英国汽船进港接走了当地领事馆人员和侨民。傍晚，当地俄国最高统治机构总督府又收到了沙皇发来的电报称，日本人"日内想必有惊人之举"。看来，这位俄国皇帝虽然不太相

▲
俄国海军著名将领马卡洛夫的油画像。

三　日军偷袭旅顺口揭开日俄战幕　087

日俄战争前旅顺港内俄国太平洋舰队的照片。

信会开战,还是要属下提高警惕。

此时旅顺城有俄国远东"三巨头",即远东总督阿列克塞耶夫、陆军守备司令史特塞尔中将、太平洋舰队司令斯达尔克海军中将,他们和其他高级将领马上坐到一起议论。大家对日本会开战仍表怀疑,舰队参谋长威特赫夫特少将还安慰说:"战争打不起来。"

此时,俄国太平洋舰队早已将主力舰只集中到旅顺口。这个军港是清王朝组建北洋水师时开始建设,位于辽东半岛的最南端,三面环山,外围山上又修建了炮台。旅顺港口的特点又是"口小肚大",入口最窄处仅200多米(大舰可通行处不过90米)。因入口处吃水有限,万吨级大舰入港经常要选在涨潮时,俄国太平洋舰队就将一些想随时调动的战列舰和巡洋舰安置在出港口外面的停泊场,等于完全不设防。

俄国舰队的军官知道,日本海军在国际上已创造过鱼雷艇袭击的先例。1895年初围攻威海时，日本鱼雷艇在夜间潜入，偷袭了号称"东亚第一大舰"的北洋水师的旗舰"定远"号。彼得堡的俄国海军部见日俄关系趋于紧张，已通知太平洋舰队要增强警惕性，在旅顺的舰队首脑也提出要在外停泊场设防雷网，不过却要求在2月10日完成，作风如此拖拉还是由于不相信会很快开战。

为防备袭击，旅顺外停泊场内的俄国军舰上在夜间打开探照灯，把内港的出入口照得通明。不过灯光照射距离很近，看不到远处，还会非常清楚地显露出自己军舰的停泊位置。

2月8日晚上7时，旅顺口内俄军军乐队奏起音乐，为庆祝舰队司令斯达尔克的夫人命名的大型舞会在关东总督府隆重召开。高级军官的夫人们都特别愿意带着自己女儿参加，因为这是结识年轻军

日本对俄开战时首先出动鱼雷艇实施偷袭。

官的最好机会。

至于要塞司令史特塞尔中将,当晚仍按惯例召集自己的参谋长、副官等人打牌赌钱。

午夜12时(已到2月9日),旅顺外停泊场的俄舰值班观察水兵发现远处黑暗中隐隐约约有几艘舰艇驶来,马上发出灯光信号询问身份。对方用俄国海军约定的信号灯光做了回答,这让值班水兵以为是自己的巡逻艇归来。不过他们很快就发现情况不对,那几艘舰艇没有驶向港口出口,而是向外停泊场分散驶来。接着,俄国水兵在黑暗中看到对面艇上有发射鱼雷的火光,接着听到"班塞"(日语"万岁")的欢呼。

俄国水兵马上明白了,这是日本人的袭击!他们接着看到了海面上鱼雷奔来的波纹航迹,固定在锚地的军舰却来不及开动。此刻,已是2月9日0时30分。

俄舰上的水兵反应还算迅速,他们马上奔向炮位,海上立即响起隆隆的炮声。

实施这次袭击的,是日军5艘在英国订制的"雷"式鱼雷艇和另外6艘较小的艇,当时日语称为"水雷艇",也有些人将其称为驱逐舰。"雷"式的标准排水量只有305吨,按海军标准还应称为"艇"。它的火力比一般的鱼雷艇强,装配1门76毫米口径速射炮,5门57毫米口径速射炮,有2具单装457毫米口径鱼雷发射管,舰员达60人,航行时速可达35海里,这近乎轻型驱逐舰的标配。

据日军"雷"式艇的一名指挥官回忆,他们在黑暗中看到俄舰的探照灯光便向其接近，却看不清舰只外形，便选择几艘轮廓较大的敌舰发射了鱼雷。在夜幕中，日本艇队保持不住队形，前面的艇发射时，后面的艇尚未跟上，炮响后在远处匆忙发射的鱼雷很难打中目标。

此时，俄军探照灯对准了日军的偷袭艇队，舰炮马上开火射击。由于日本鱼雷艇冲得太近，俯角不足的俄舰打出的炮弹都呼啸着从日军头顶飞过。"雷"号艇长三村锦三郎少佐事后夸张地回忆道："敌人的炮弹就从我们的头皮上飞过去，近到连头顶的头发都被烤焦了。"

俄舰刚开炮，舰体旁就接二连三有巨响传来，官兵们被震得东倒西歪，明显是中了鱼雷。接着，三艘俄舰因进水而导致下沉，官兵们在惊慌中向岸上奔逃。这一混乱状态中，日本鱼雷艇都扭头逃向黑暗中。

日本绘画中得意地表现以鱼雷艇袭击旅顺俄舰。

舞会上的俄国军官和家属们正在兴奋地相伴旋转，听到外面的炮声，一时出现了惊慌。马上有军官向大家说"这是事先安排好的助兴礼炮"，于是人们更加欢快地起舞。有的军官还是心中生疑，打电话向舰队司令部查询，得到的回答是"实弹射击"，原来那里的值班人员也搞不清发生了什么。

到了2月9日凌晨，结束了舞会返回基地的俄国军官们，才听说出现了日军偷袭。天亮后俄国军官们到岸边一看，太平洋舰队的三艘主力舰已接近水没甲板，搁浅在外港的锚地上，分别是战列舰"皇太子"号、"列特维赞"号以及巡洋舰"帕拉达"号。

经过检查，这三艘战舰各中雷一枚，日本人发射的 16 枚鱼雷中有 3 枚击中了目标。对俄国人而言，幸运的是这三艘战舰停泊处属于浅海区，搁浅的地方水都不深，军舰没有沉没或倾覆，随后可打捞修复。

日军对旅顺的偷袭行动蓄谋已久，在俄军进驻后就派大批间谍化装为中国人对基地反复侦察，不仅熟知俄舰停泊位置，也掌握了对手的灯光、旗语等联络信号。日本统帅部在开战前对比联合舰队和俄国太平洋舰队的力量对比，看到本国在舰艇吨位上只有 26 万吨比 19 万吨的微弱优势。俄国太平洋舰队共有 7 艘战列舰和 9 艘巡洋舰，日本舰队共有 6 艘战列舰和 6 艘巡洋舰，大舰数量还不如对方，只是单舰性能和小型舰艇数量要占些优势。如果双方摆开架势开战，日军并无胜算。

▼
表现日本鱼雷艇偷袭旅顺港外俄舰的画作。

日本开战后必须夺取制海权，为此就要首先摧毁俄军舰队的主力，或将其封锁到港内，再以甲午战争中那种包抄军港的办法消灭。日军想以最小代价、最快速度达到这一目标，就只有采取偷袭。

此次对俄作战，日本人采取同甲午战争相似的卑鄙的不宣而战，在旅顺的偷袭和仁川港内的攻击让俄国人一天内就损失了5艘军舰（在旅顺的3艘虽能日后修复，也有相当长的时间丧失战斗力）。开战第二天即2月10日，又有一艘从外海返回的俄国巡洋舰"包亚林"触雷沉没，日本联合舰队就此占据了明显的优势。

如同小偷首次盗窃能获得大利，以后会乐此不疲，日军以后也将偷袭当成习惯。

同一类事件发生时，持不同立场的人评价会大不相同。一向在国际事务中奉行"双重标准"的英美舆论界，因支持本国政府扶日反俄的立场，对俄军舰队遭偷袭几乎都发出幸灾乐祸的嘲笑声。甲午战争开始时被日本收买、在《泰晤士报》上声称日本击沉"高升"号合理合法的英国牛津大学国际法专家霍兰德再次跳出来声称："宣战书并非战争所必需的，日本并未破坏战争的基本法则。"美国一些教授和评价员也公开声明："在日本攻击俄国军舰的行为上，背信弃义和不正当的评价是不合适的。"有的舆论还举出俄国也有过不宣而战的例子，认为这属于"恶有恶报"。

遗憾的是，37年后日本偷袭珍珠港和英属马来亚时，这些英美"专家"们大都已去世，活着的老朽也缄口不言，否则真不知他们该以怎样的妙语连珠来评价日军对美国舰队的偷袭呢？

▼
俄国在对日战争开始后所绘的漫画，表现了美国出钱支持日本打仗。

三　日军偷袭旅顺口揭开日俄战幕　093

"瓦良格"号自沉仁川，其舰名却沿用百年

日本海军偷袭旅顺的同时，也瞄准了孤悬在朝鲜仁川港的两艘俄国军舰，特别要消灭其中的新舰"瓦良格"号。

"瓦良格"是一艘防护巡洋舰，其舰名来自于古罗斯时代的瓦

▶
"瓦良格"号巡洋舰的双视图。

良格人。该舰订造自美国，于1899年在费城船厂下水，1901年交付俄国。"瓦良格"号排水量6500吨，配有152毫米火炮12门，航速23节，是俄国海军最新锐的战舰，性能在当时世界上的巡洋舰中也算上乘。

俄军派官兵跨大西洋接收此舰时，却出现一件让欧美人耻笑的事。俄国水兵中有许多人来自贫苦农村，到美国后看到城市如此发达，竟有100多人离舰潜逃到当地非法打工谋生。深感狼狈的俄国海军只好从本国再调一批被认定是忠诚的水兵来，并禁止他们再上岸。

这一世界近代海军史上罕见之事发生后，英美德等国和日本也认定俄国海军的士气极其糟糕，肯定是外强中干。

"瓦良格"号于1902年调到旅顺的太平洋舰队，不久就按1895年以来俄舰到韩国"保护俄国驻汉城使馆及侨民"的轮换惯例，于1903年12月奉命前往仁川港，同1300吨排水量的旧式炮舰"高丽人"号一起执行任务。此时俄军虽已装备无线电台，却没有普及到每艘军舰，"瓦良格"号和"高丽人"号都没有电台，在仁川只能派人到电报局通过有线电报收发消息。此时日本人已经控制了韩国的电报局，开战前就切断了这两艘军舰的对外通信。

日本决定开战时，马上以运兵船输送2500名陆军登陆仁川并前去控制汉城，海军派出8艘巡洋舰掩护并准备消灭港内的俄舰。2月7日半夜，日本舰队到达港外集结，准备次日白天进港。2月8日凌晨，一艘俄国商船"松花江"号驶入仁川港，向"瓦良格"号报告在港外发现大量日舰。

"瓦良格"号此时不知道日俄两国已断交，也没有收到上级指令，只好仍旧停泊在仁川港内。2月8日下午，"瓦良格"号发现日本舰船陆续进港，俄国驻汉城使馆也派人送来密件，说明日本军人已经控制了韩国首都，使馆也出现对外联络中断的情况。俄国

▼
表现日军在对俄开战时就控制汉城的画作，当地俄国使馆及其他机构都被切断了对外联系。

三　日军偷袭旅顺口揭开日俄战幕　095

人此时才感到日本人的这一招真是心思缜密，让俄国驻韩国的舰船失去联系而不能擅自撤走，只能任其宰割。

"瓦良格"号的舰长鲁德涅夫上校见形势危急，派遣"高丽人"号携带邮件返回旅顺汇报情况，不过为时已晚。2月8日下午3时40分，"高丽人"号离开锚地向港口外驶去，15分钟后就遭遇日舰编队迎头拦截。"高丽人"号在慌忙中发射了两枚炮弹后就向港内撤退，这是日俄战争中的第一声炮响！

俄国人虽打响了第一炮，却是面对偷袭的被迫反应。这时靠近俄舰的日本鱼雷艇"苍鹰"号、"鸽"号同"雁"号也正准备开火，俄军炮响后都马上各向"高丽人"号发射一枚鱼雷，因对手撤退得快都没有命中。

俄国军人此时才明白，日本已经不宣而战。当天下午，他们在"瓦良格"号和"高丽人"号上看到日军开始登陆，并占领了仁川城和港口的岸边。俄舰因为港内还停有同样担负"保卫使馆"任务的美国、英国、法国和意大利的军舰，为防止误伤而没有开火。

2月9日上午，日军登陆任务完成后，曾留学美国而被海军战略家马汉誉为"日本最杰出留学生"的舰队司令瓜生外吉才发出战书，并通知港内各国军舰，要求"瓦良格"号和"高丽人"号在中午以前必须驶出仁川港向日军投降，如不出港将实行就地击沉，届时仁川港内其他各国军舰如遭到损失也由俄国负责。

仁川港停泊的英、美、法、意军舰害怕自己受到误击，纷纷催促"瓦良格"号出港。此时港口外守着日军5艘巡洋舰和8艘鱼雷艇（有的书译为"驱逐舰"），火力胜过俄军许多倍。有人提议，出港意味着灭亡，还不如自沉军舰保全官兵性命，再乘中立国船只回国。"瓦良格"号舰长鲁德涅夫上校马上愤然道："未经战斗就屈服或者炸毁自己的军舰是一种耻辱，我们绝不向黄猴子低头。即使是有去无回，俄罗斯帝国海军的尊严也不容践踏。"

这段话虽带有白种人的自傲，却毕竟显示了敢于赴死的勇气。中午11时20分，俄国水兵关闭了军舰的舷窗和水密门，扔掉了一切易燃物，"瓦良格"号上高挂战旗率先冲出，"高丽人"号紧随其后，俄军水兵如同检阅般地站在舰舷，神情镇定严肃。英、法、意军舰上的官兵对此表示感动，纷纷跑上甲板高呼"乌拉"，同时与俄舰一起奏起了"上帝保佑沙皇"的俄国国歌。此前在港内对俄舰极不友好并偏袒日舰的美国炮舰"维克斯堡"号，也在远处挂出

表现日本舰队在朝鲜仁川围攻俄舰"瓦良格"号的油画。

了"祝好运"的信号旗。

战斗结果自然毫无悬念，仅半小时炮战，占据绝对优势的日本舰队就迫使弹痕累累的俄舰返回港内。俄军阵亡31人，受伤91人，舰上近一半作战士兵丧失了战斗力，驾驶指挥塔中弹导致操舵室被击毁，多数火炮也被打坏。"高丽人"号舰小火力弱，中炮负伤后也匆匆退回港内。在这次海战中，日军有3艘巡洋舰受到不严重的损伤，1艘鱼雷艇被击沉。

看到军舰不能继续作战，"瓦良格"号上的官兵决定自爆而不让其落入日军之手。不过此时他国军舰又提出爆炸会使自己军舰受损，舰长鲁德涅夫为防止引发国际争端，同意放水自沉。随后"高丽人"号也由舰员自行放火爆炸沉没，港内的俄国轮船"松花江"号追随

▼
俄国的巡洋舰"瓦良格"号系在美国订购，这是描绘其在仁川激战的油画。

其后自沉。俄国官兵弃舰后，法国军舰在旁边尽了一点盟友之谊，将他们救走并送回国。

"瓦良格"号的这一举动，被作为俄国海军宁死不屈的象征大肆宣扬，还特意为此创作了《瓦良格号巡洋舰之歌》——

"我们站在甲板上各就各位，

迎接着最后的检阅。

英雄的'瓦良格'绝不屈服……"

1904年2月9日"瓦良格"号在仁川亚瑟港自沉时的画面，当时法国巡洋舰"帕斯卡"号尽盟友之谊营救海上幸存者。

苏联时期，海参崴和图拉两城分别为"瓦良格"号和鲁德涅夫舰长建起了纪念碑，"瓦良格"号也成为俄、苏海军不断传承下去的"英雄舰名"，苏军的一艘以此命名未建成的航空母舰后来被乌克兰转售给中国，改造成了辽宁舰。

"瓦良格"号后来的经历也颇有意思，它在战后被日方打捞起来，因舰体未炸坏而被拖回日本国内修复，改名为"宗谷"号作为训练舰。第一次世界大战期间，日俄同属协约国算是盟友，俄国因缺乏军舰而向日本购买。1916年，日本以400万日元将这艘已经老旧的军舰卖给了昔日的主人，售价接近原造价的一半，仍然获得了不菲的收益。

俄军对"瓦良格"旧情难却，买回后又将其开到英国进行改装。1917年十月革命爆发后，舰上水兵因大都同情革命而挂上红旗，打

▲ 俄军的"高丽人"号炮舰,是由瑞典1888年建造的排水量1334吨的轻型舰,该舰被日军击伤后于仁川港内自爆沉没。

算开回国内投奔苏维埃政权。英国马上派部队将其控制,并没收归属英国海军。战后"瓦良格"因意外搁浅在苏格兰海岸,被拆解后沉入了海底。后来苏联以此命名的几艘舰,都是国内新的制品。

日军在仁川港内消灭俄国的"瓦良格"号和"高丽人"号军舰,再加上开战时的夜袭中重创的3艘舰,让俄军太平洋舰队元气大伤,就此躲在旅顺港内不敢出战。

俄军在海参崴的基地还有一支很不起眼的太平洋舰队的分舰队,以3艘装甲巡洋舰"格罗姆鲍伊"号、"俄罗斯"号、"留里克"号为基干,还有2艘老旧难以远航的海防巡洋舰。后来这支分舰队在解冻后虽积极袭扰日本沿海,却不能改变海上的形势。

开战后日本舰队的行动总体上达到了目的,他们得到最需要的一项东西——制海权。

俄舰退缩港口内,日军实施沉船封堵

1904年2月8日,日本偷袭驻扎在旅顺的俄国舰队。同日,美国向中、日、俄三国声明本国保持中立,稍后英、法、德、意四国也宣布中立,并支持清政府中立。

战争在中国领土上进行，清朝却无力制止，于2月12日以光绪皇帝的名义下诏宣布"局外中立"，真是历史上的奇耻大辱！当天大清外务部通电各国表示："东三省疆土权利，两国无论胜负，仍归中国自主，两国均不得占据。"清朝还专门通知日俄两国称："不得招募华民匪类充当军队"，"须将日期及在何处开战，预先知照华官出示晓谕，俾人民知避，免遭兵祸"。

可惜弱国无外交，尽管有此通告，日俄两国用兵却从不通知清朝。

2月15日，日本以政府名义宣布"尊重大清中立"。俄国拖到2月19日，才宣布尊重大清中立。俄国拖延时间，据说是其公使先到清朝外务部，要求履行1896年签订的《中俄密约》站到自己一边。其实1900年俄军侵占中国东北并派兵入侵北京，早就把"盟约"抛到天外，清朝怎么还能履行？随后俄国公使就交战区的界定与清朝交涉，一直拖延了十天。

俄国这幅漫画描绘了日本对俄开战后向清朝、美国和英国解释自己的立场。

清朝宣布"局外中立"，是不敢得罪交战的任何一方。袁世凯就上书向朝廷分析称："附俄则日以海军扰我东南，附日则俄以陆军扰我西北。"

袁世凯用的"附"字，就说明清朝此时弱到只能依附于某一方。回想十年前的让大清一败涂地的甲午战争，日军虽死亡了 1.1 万人，真正被清军击毙的只有 1600 人，其余大都因染病而亡。此时日本的实力比甲午战争时期要强得多，俄国也蔑视中国，衰弱的清朝站到哪一边都被视为无足轻重，满洲的命运也只能由日俄争夺来决定。

开战后，遇袭的俄国太平洋舰队缩到旅顺港内，还有 5 艘战列舰可用，另外 2 艘中了鱼雷的战列舰被拖去抢修。港内俄军还有 4 艘巡洋舰（其中的 1 艘巡洋舰也因中雷需要抢修）、14 艘驱逐舰。日本联合舰队用于封锁旅顺的有 6 艘战列舰、12 艘巡洋舰以及 20 艘以上的驱逐舰，从实力对比看日军略占上风。

日本海军此时优于对手的战舰，主要是 6 艘从英国新购买的战列舰，"三笠"号为旗舰，还有"敷岛""富士""八岛""朝日""初濑"号，标准排水量都在 1.4 万至 1.5 万吨。"三笠"号系 1902 年下水、

日本联合舰队的旗舰"三笠"号，是英国 1900 年刚下水的世界最大一级吨位的战列舰，排水量 1.5 万吨。

1903年服役，是当时世界上吨位最大的一级战列舰，装配有4门（双座双联）305毫米口径的主炮，另有14门152毫米口径的副炮。英式军舰在当时代表着世界最高水平，火炮和装甲钢质量最好，而且适航性好，设计合理。

俄国在彼得大帝时就建立了造船工业，近代的舰用发动机、优质装甲钢和舰炮却不能自产而需要进口。1893年俄法结盟后，俄国主要从法国引进造舰技术，很快推出了三种级别的战列舰，停泊于旅顺的太平洋舰队拥有的7艘战列舰，恰恰就包括"波尔塔瓦"级、"博罗季诺"级和"佩列斯维特"级。

战斗最强的"博罗季诺"级战列舰，是俄国从法国订购"皇太子"号战列舰后，在1896年至1903年间仿制的产品，排水量1.35万吨，装配4门305毫米口径主炮和12门152毫米的副炮。

"波尔塔瓦"级的火力配备与前者相同，只是考虑到符拉迪沃斯托克（海参崴）船坞的尺寸而缩小了舰体，排水量降为1.13万吨。

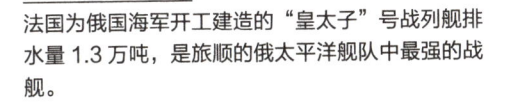

▲
法国为俄国海军开工建造的"皇太子"号战列舰排水量1.3万吨，是旅顺的俄太平洋舰队中最强的战舰。

▲
法国为俄国设计的"博罗季诺"级战列舰的双视图，有4门305毫米主炮（双联）。

三　日军偷袭旅顺口揭开日俄战幕　103

"佩列斯维特"级战列舰系全面依靠法国技术自建,排水量1.23万吨,火力逊于前两级战列舰,主炮为4门(两座双联)254毫米口径炮,另有11门152毫米口径的副炮。

从火力指标看,俄国的法式战列舰同日军的英制战列舰相似,不过舰炮的性能却相对落后,吨位小15%左右,装甲钢的质量和厚度也差一些。此外,法国因主要活动在风平浪静的地中海,军舰设计时不太注重抗风浪,适航性差。法俄两国又都追求军舰内部豪华装饰,结果舰内大量的木材、地毯、壁毯和油画在被命中后立刻会燃起大火。

日俄两国海军舰只的较量,实际是英国和法国军舰设计和制造水平的对抗,"海上霸主"明显比"欧陆强军"要高一筹。日本海军的训练又完全模仿英国,比俄国海军技高一筹。

俄国海运和渔业不发达,海军水兵多从农民中征召,缺乏训练,能力比其他海军强国都差。日本海军的军官都出自军校并有许多到外国实习过,水兵主要在沿海的渔夫中征召,他们在海上的技能和适应性都超过俄国人。

俄国海军对自己的弱点也了解,便缩在港内尽量避免交锋。在日本人看来,退入旅顺的俄国海军已经是一支"存在舰队",却有潜在威胁。如果俄国在欧洲的舰队开来,与之里应外合,实力会压倒日本舰队。日军为消灭俄国太平洋舰队,采取了两种办法:一是把俄舰诱出港口在海战中摧毁,二是将其封锁在旅顺港内再以陆地抄后路加以歼灭。

2月9日凌晨日军以鱼雷艇偷袭了旅顺后，上午9时联合舰队的主力就在司令官东乡平八郎率领下开到港口外。这个身高1.59米的日本海军大将曾留学英国达8年，信奉大英帝国海军"见敌即进攻"的宗旨。他外出时身上总挂个小牌，上书"一生俯首拜阳明"，即崇拜中国明代心学家王阳明，强调善于用巧妙的计谋击败敌人。此次他率舰队前来旅顺，就是想同俄舰再来一场决战。

日本联合舰队司令官东乡平八郎。

接近港口后，东乡平八郎在旗舰"三笠"号战列舰上发出了命令，日军主炮在8000米距离上开始轰击港外停泊场上的俄国战列舰，"胜利"号、"彼得罗巴甫洛夫斯克"号和"波尔塔瓦"号等4艘军舰中弹负伤（损害却不重）后逃向港内，俄军以电岩炮台上的岸炮反击。

俄军的炮击有一枚炮弹击中了"三笠"号的右舷，还炸断绳索导致联合舰队旗舰的旗帜落入海中，日本军官纷纷认为这不是一个吉利的兆头。

表现日本袭击旅顺后当地俄军进入炮台加强守备的画作。

三　日军偷袭旅顺口揭开日俄战幕　105

此时有 7 艘日舰中弹，出现 30 多人的伤亡，东乡马上想起了英国海军名将纳尔逊的名言——"只有傻瓜才会拿军舰去和炮台搏命"。日舰马上退向外海，想引诱俄舰出海，对手却一直坚守不出。

日舰持续在旅顺外面的海上漂泊，让俄国舰队一时不敢出来，

日本所绘的联合舰队向旅顺攻击的画作。

自己却也深感疲惫。东乡平八郎便采用秋山真之、有马良橘这几个佐官的建议，采取 6 年前美西战争时美军封锁圣地亚哥的作战方式。具体办法就是以一些破旧的轮船装满石头，在夜间开到军港的出口自沉。因旅顺军港的出口很窄，只要有 10 艘左右的船只在出口下沉，就能达到堵塞目的。

这个看似可行的办法，实施起来却非常难。俄军自从遭鱼雷袭击后，对接近港口的任何舰船都严密监视，海岸炮台上的火力配备又非常强，日船想平安开到堵塞位置几乎不可能。

2 月 24 日凌晨，以破旧商船组成的闭塞船队首次向旅顺口出击，有马良橘中佐作为指挥。船队未到达位置，就被要塞炮台探照灯发现，遭受猛烈轰击，5 艘船只因中弹都提前自爆沉没。驾船的海军人员乘

小舢板逃跑，在黑夜中被日军小艇收容。

3月27日，日军实施第二次闭塞作战行动，仍由有马良橘指挥，65人驾驶4艘闭塞船冲到旅顺的港口外。由于被俄军发现遭受猛烈炮击，这些日船也都未到达目的地而提前沉没。

这次行动中，日本还出现了一位"军神"广濑武夫，后来被包装成了举国的偶像。此人于1897年赴俄国留学，后来留下当武官，靠着每月300卢布"特别交际费"，经常同俄国军官们喝酒、拉关系和打探消息。他深知俄军的腐败，却迷上了俄罗斯文学，并同一个俄军少将的女儿有一段长期的异国恋情。战前他离俄返日，还一直与女友跨国书信不断并等待异日重聚。

▲
广濑武夫少佐，他被日本尊为"军神"。

日本海军起初对广濑颇有非议，不满其迷上"露国"女人并被其文化所"腐蚀"，因而未能像其他留学归国者那样安排任要职，只分配当二等战舰的少佐水雷长。广濑武夫担任武官时参观过旅顺港，知道闭塞战是冒险之举，却为证明对"第一故乡"的忠诚而自告奋勇去打击"第二故乡"。

出发前，广濑武夫身边的一个军曹问道："听说水雷长很喜欢俄国，是这样吗？"

广濑爽快地回答："是的，我很喜欢俄国，还有很多俄国朋友呢！"

"那么，这不是同好朋友们作战吗？"

三　日军偷袭旅顺口揭开日俄战幕　107

▲ 广濑武夫的俄国恋人阿里阿茨娜的照片。

"这并不是对他们作战，这是为了国家利益的战争，不能从个人友谊来考虑。"

广濑那个俄国恋人的哥哥，此时正在旅顺的太平洋舰队内任职，两人过去经常在一起喝酒，据称是此人后来主持收葬了广濑武夫漂起的尸体。

由广濑武夫指挥的"福井丸"在黑暗中前进，基本到达预定地点，船上官兵在引爆之前坐上救生艇正准备撤离，却发现少了一个人。广濑马上回船去找，却被俄军炮弹炸死。日军后来大肆宣扬此人，一首名为《广濑中佐》（这个军衔是死后追封）的歌流传全国，其目的是在以上欺下严重的日军中鼓励上司要关心下属，同时强调为国效劳要抛弃个人情感。

耐人寻味的是，2004年3月27日即广濑战死一百周年之际，日本由原首相中曾根康弘任名誉会长的"广濑武夫百年祭及战没者合同慰灵祭"在大分县广濑神社举行，参拜者多达1000余人，颂扬其"武德"的流毒可谓百年不衰。

看到两次堵塞行动都不成功，日军认为是所沉船只不够，在5月3日又进行了第三次闭塞作战，并出动12艘运输船。不过面对俄军的猛烈炮火，多数船只未到达地点便沉没。此次闭塞队有74人失踪，17人被俄军捞起成了俘虏。

这些堵港行动，只有少数船只在港外给俄舰出海造成了一点水

日本所绘的敢死队用旧轮去堵塞旅顺的画作。

下障碍，不过因对手了解其位置，只要绕行就能避开，总体上看闭塞行动是以失败告终。

挖空心思要将俄国舰队堵在旅顺口的日军见一计不成，马上再生一计，决定采取水雷封锁。此举没有完全达到目的，却除掉了当年公认的"俄国海军最优秀的将领"马卡洛夫。

日本水雷除掉俄舰队司令，自己也因触雷损失惨重

开战之后，沙皇感到太平洋舰队司令斯达尔克海军中将太无能，于2月17日将他免职，接着俄海军部任命马卡洛夫海军中将为太平洋舰队新任司令官。

当时在世界海军界，马卡洛夫可谓是公认的海战大师。他在1877年开始的俄土战争中身为舰长，一再用撑杆水雷击沉敌舰，还发射鱼雷击沉土耳其一艘护航汽船，在世界军事史上首创鱼雷攻击的战例。看到这一水下攻击武器的威力，自此各国海军都把鱼雷同

三　日军偷袭旅顺口揭开日俄战幕　109

火炮并列为海战的主要装备。马卡洛夫又两次率舰进行北极探险，在海军战史和冰海探险中的成就一时驰名世界，日本海军统帅东乡平八郎就是马卡洛夫著作的热心读者。

在腐朽昏庸的俄罗斯高层官员中，马卡洛夫是少有的清醒者，作风也比较廉洁，因此在官场上不太受欢迎，有"擅谋略不擅谋身"之称。他是向沙皇提出"三国还辽"的倡导者，随后就认为应加紧准备对日本作战。旅顺遇袭后，沙皇和海军部才分外重视起马卡洛夫。

3月8日，马卡洛夫经过半个月旅行，穿越尚未完全贯通的西伯利亚铁路（包括中间一段马车接力），到达旅顺。他到任后看到的是一个烂摊子，3艘受重创的主力舰正慢吞吞地维修，雇来的俄国和中国工人大都在罢工或怠工。原来，他们在优惠条件的许诺下被骗到这里，到后才发现饮食差，连像样的住处都没有。同时，舰队内许多高级军官怯战且无所作为，士兵也处于懒散状态中。

马卡洛夫新官上任后，迅速罢免了一群无能的领导者，并打破俄国海军只看资历提拔任用军官的陋习，将一批有为的军官迅速提拔到关键岗位。马卡洛夫又下令提高船厂和码头工人的待遇，给予他们以海军士兵的军粮并安排好住所，这使损坏战舰的修复工作很快完成。有人称，他来到旅顺直到战死的36天时间里，做完了前任几年都没有完成的工作。

为改变舰队躲在港口内消极状态，马卡洛夫要求派遣舰只积极出海活动，并沿海地区布雷对付敌舰。他还电令驻海参崴的分舰队主动出击，袭扰日军海上交通线。

让俄国人感到叹息的是，这个出色的司令官很快就遭遇不测。4月12日夜晚，日本布雷舰"兴隆丸"号在鱼雷快艇的掩护下于旅顺港外布下了一片新的雷区，俄军未能察觉。4月13日上午，马卡洛夫乘坐的旗舰"彼得罗巴甫洛夫斯克"号战列舰出港后，在3公里外撞上了水雷，弹药库立刻被引爆，舰上有31名军官和超过600名水兵阵亡，包括马卡洛夫本人以及随舰出海的俄国名画家魏列夏庚。

▲
描绘马卡洛夫所乘的"彼得罗巴甫洛夫斯克"号被水雷炸中的漫画。

在军舰猛烈的爆炸中，只有7名军官和73名水兵被抛到水面上得救，一起出航观光的沙皇尼古拉二世的堂弟西里尔亲王也幸存下来。这个纨绔子弟第二天就狼狈地逃离旅顺返回彼得堡，有位舰长对此刻薄地说："黄金总是沉入水底，漂在海面上的只有马粪。"

得知马卡洛夫阵亡，众多国家发来了唁电，其中自然有沙皇尼古拉二世，还有美国总统老罗斯福，以及英国和德国的海军大臣。作为交战对手的日本，为对俄国表示尊重并为下一步媾和留下余地，也以政府名义发来唁电称："沉痛悼念当代世界上最伟大的海洋科学家"。

尽管马卡洛夫是旧沙皇时代的海军将领，苏联时期也将其当作民族英雄纪念。新中国政府却不同意苏联在旅顺为他立碑，因为此人毕竟是侵略中国的沙俄军队的重要代表。

三 日军偷袭旅顺口揭开日俄战幕

法国画刊上所绘的沙皇慰问马卡洛夫遗孀的画作。

油画《马卡洛夫上将之死》。

马卡洛夫死后一个月,他生前安排在港外布雷的措施也使日本联合舰队遭受空前的损失。这位世界海军史上有名的水雷专家,死后还在给日军制造麻烦。

5月14日清晨,借助浓雾的掩护,俄军布雷舰"阿穆尔"号驶出旅顺军港。舰长伊凡诺夫灵机一动,擅自将布雷区由原来的15公里往前推了5.5公里。据说此前几天他反复观察和研究过日军在港外巡行的航线,认为原有的雷区已被敌避开,只有前推一下才能出乎敌人意料而奏效。

此时日军对俄军非常轻视,接近旅顺口巡行时没有注意避雷。5月15日中午11时,从英国买回不久的1.4万吨的"初濑"号战列舰首先触雷,几分钟后同级战列舰"八岛"号战列舰也触到第二枚水雷。同行的日本巡洋舰试图救援时,"初濑"号战列舰随之又触发了第三枚水雷爆炸并引爆了弹药库，该舰几分钟内就沉没了。

"八岛"号战列舰右舷被炸穿了一个大洞，经过紧急抢修之后还能勉强航行，不过舰身逐渐倾斜。触雷六个小时后，"八岛"号在挣扎返航途中，沉入旅顺口东面32公里处的海底。

俗语说祸不单行。日军这支巡行舰队中的两艘主力舰触雷后，其他军舰马上转向逃离。在忙乱中，甲午战争中逞凶最厉的4200吨排水量的巡洋舰"吉野"号被刚买来的8000吨排水量的"春日"号巡洋舰拦腰撞沉，舰上413名官兵中只有99人被其他军舰救起，其余都沉入海底。在甲午海战中，北洋海军"致远"号企图撞沉"吉野"号而未成功，之后却在意大利刚建造成的"春日"号的"帮助下"实现了目的。

▲
描绘日本"初濑"号战列舰进入雷区的画面。

◀
日本战列舰触雷沉没的画面。

三　日军偷袭旅顺口揭开日俄战幕　113

▲

"吉野"号快速巡洋舰的照片，这个在甲午战争中逞凶的恶魔被本国的"春日"号撞沉。

此时，旅顺海边的不少俄军官兵和平民目睹到这一情景，不由兴奋得欢呼起来。俄国陆军司令史特塞尔因岸上火炮射程不够，马上要求俄国舰队趁机出击，消灭海面剩下的日军舰只。可叹的是，俄国舰队因为战备松懈，连一艘马上能出动的军舰都没有。经匆忙加煤、生火，两个小时后才开出几艘装备单薄的驱逐舰，又不是日本巡洋舰的对手，只好无功而返。

俄军此次布雷成功，是对日战争中唯一击沉日军大舰的战例。此后，俄国海军和苏联海军在两次世界大战中都让大舰避战，而以布设水雷作为击敌的主要手段，这种消极防御的方式却没有再取得显眼的战果。

日本联合舰队遇到的灾难，并没有马上结束。三天后即5月18日，炮舰"大岛"号又被"赤城"号撞沉，驱逐舰"晓"号也触雷入水。一周时间里损失这么多军舰，其中沉没的两艘战列舰占战列舰总数的三分之一，让天皇和海军首脑都感到沮丧万分，这一个星期被日本海军称为"恶魔一星期"。

旅顺外海的此次触雷，对日俄海军舰只力量对比产生了重大影响。日军损失2艘战列舰时，旅顺的俄军却修好了开战时遇偷袭遭重创的2艘战列舰，日俄战列舰的数量由6：4变成了4：6。虽说英制日舰要优于法式俄舰，俄军靠着战列舰的数量优势还可以一战。

后来研究日俄战史的人曾感叹说："俄国太平洋舰队的勇气随马卡洛夫一起沉入了海底。"继任者威特赫夫特海军少将不敢再采取任何积极行动，如同北洋舰队的提督丁汝昌一样困坐港内。

一个英国海军专家在当时就对此种行为大感不解，特意在《泰晤士报》上撰文评价说："俄国太平洋舰队和日本联合舰队实力相近，开出去决战哪怕全军覆没，日本联合舰队也将因此遭到惨重损失，变得根本不是正在东来的第二太平洋舰队的对手。"

旅顺港内俄国舰队消极无作为，根本原因还是沙皇和海军首脑在开战时遭遇意外袭击后由傲视

▼
描绘1904年5月15日日本海军遭遇历史上最惨重损失的油画。这个损失纪录直至1942年中途岛海战才被打破。

◀
困守在旅顺要塞内的俄国陆海军军人的形象。

三　日军偷袭旅顺口揭开日俄战幕　115

日军变为惊慌失措,同十年前的清王朝一样要求海军"守港保船"。此举其实是海军作战指导的下下策,反映出决策者战略上的保守和昏庸。

海军的积极作战思想,应该是努力消灭敌舰并夺取制海权,在力不如敌时也要设法破坏敌之制海权,或袭击其海上交通线。日本以几十万大军跨海作战,运输船只众多,护航漏洞也不少。太平洋舰队完全可以分成小编队广泛出击,既能破坏日军海上交通也能牵制其对旅顺的围困。

俄军海军此时的消极作战思想,是把军舰当成浮动炮台用于守港守岸,完全当陆军的配角。如此被动挨打,还守不住港口,并演出了一场与甲午战争中的北洋舰队同样的"海军被陆军歼灭"的悲剧。

四

**日本陆军攻入
辽东半岛以少胜多**

表现日俄两国陆军交战的画作。

近代史上通常称俄国是"陆军大国",对"北极熊"的海战能力一直评价不高。旅顺的俄舰队初战即不利,国际上并不以为怪,让人感到意外的是俄国陆军开战后竟然也表现得十分无能,看来其国家整体性的腐败传染已不限于海军、陆军。

日俄交战的主战场是在中国的南满地区,开战时两军驻地之间还隔着一个朝鲜半岛,日本必须先占领韩国作为进军通道,双方陆军在开战两个月后才开始交火。后来有人评论说,如果日本在海上偷袭旅顺时,使用运输船将几万地面部队送上辽东半岛登陆,很可能打俄国陆军一个措手不及,就不会有后来艰难的攻坚战。不过那时日本国内大量动员集结兵力的水平也不高,加上当时陆军没有机械化装备而行动迟缓。俄军却没有很好地利用这段时间做好应战部署,如同一头笨熊呆呆地坐在那里等候着恶狼扑来,完全陷入被动挨打。

鸭绿江边首开地面战，日本显现胜利曙光

日俄战争爆发时，俄国高层马上决定通过西伯利亚铁路向远东增调陆军，战争就成为对西伯利亚铁路最现实也是最残酷的考试。

这条由意大利和俄罗斯工程师合作设计施工的世界最长铁路，在1904年初还有长度不过100公里的环贝加尔湖路段未打通。这里有39条隧道和47座走廊，工程艰巨，后来百年间一直是乘车旅行者可以欣赏的奇景。此时这个"卡脖子"的瓶颈造成的限制，使运输量却达不到原来预想的三分之一。

▲
俄国画《出征》表现了俄国通过铁路大规模运兵。

▲
1904年法国画刊上表现俄军在贝加尔湖边下火车再上船实行拉力运输的绘画。

西伯利亚铁路的西段是单线运输，能会车的车站又少，只能同时行进四列火车。这些火车到了贝加尔湖边，又要让士兵下车步行，军官们和货物可用马车运送，经过两天行程后再去乘上东段的列车。到春天化冰前，火车可以在湖边装上破冰船，用四五个小时的时间

四　日本陆军攻入辽东半岛以少胜多　119

才能到达对岸，再用大半天工夫才能上轨行驶。

如此低效率的运输，导致开战后每个月俄军最多只能运输2万兵员及其装备到远东。开战一个月后，俄军在远东的陆军兵力只有14万多人，此外还有太平洋舰队的1万多人。对这些兵力，俄军又划分到几个方向进行部署：

"东满支队"2万人在鸭绿江右岸占领阵地；"南满支队"2.2万人配置在营口—大石桥—海城地区；"关东支队"3万人部署在辽东半岛和旅顺地区，此外旅顺军港内还部署了海军太平洋舰队的主力1万余人；"满洲军"直属部队3万人集结于辽阳—奉天地区，作为预备队。

南乌苏里和海参崴还有近3万人集结，防御日军可能对俄国的北太平洋沿岸地区的进攻。

▼
日俄战争开始后日军占领朝鲜并征用当地民工为其运输的画面。

这个兵力部署，说明俄军完全是消极被动地分口把守，只一心只想等欧洲援兵，不想依靠自己的力量打击日军，也没有做好抵挡登陆的准备。

日本在开战前陆军没有全面调动，主要是明治天皇直至开战前还在犹豫动摇而未下动员令。2月6日决定开战时，日本陆军才调动了一个旅团乘运输船前往韩国的仁川，2月9日登陆后进驻汉城控制了韩国政府，逼迫高宗下诏让全国

表现日军由韩国民工伴随运输向鸭绿江边推进的画作。

向日军开放所有道路。

此时从汉城通往鸭绿江边新义州的铁路还没有修通,日军主要依靠海路运输,运兵的时间拖得比较长。3月21日,日军第1军的3万人携带100余门炮,由黑木为桢大将指挥在北朝鲜的镇南浦港登陆,随后进占平壤,以那里为基地向北面的鸭绿江推进。由于日军是徒步行军并带有大量辎重,不到300公里的路途走了20天。

看到日军沿着十年前甲午战争时进攻中国东北的老路向鸭绿江扑来,俄军的"东满支队"2万多人配备62门炮,在鸭绿江边消极地设置防御阵地达一个半月。他们把1万多部队分散配置在100余公里宽的正面上,没有重点,只依靠构筑一道绵长的堑壕。还有1万多人的预备队配置在10公里以外,准备在日军突破一线阵地后再堵塞缺口。

日本陆军此前还没有同号称"世界第一大陆军"的俄国对手交

四 日本陆军攻入辽东半岛以少胜多 121

过战，心中存有畏惧，推进到鸭绿江边时进行了半个月的侦察和准备，集结的兵力和火炮数量也要多于对手一倍。

此时俄国步兵的枪支普遍是1891年最后研制定型装备的莫辛－纳甘步枪，该枪重4公斤，射击精度好（后来在苏德战争、中国的抗美援朝战争中当作狙击枪），系5发手动，口径为7.62毫米，带有典型的俄制轻武器特点——价格便宜、操作简单、性能可靠。该枪投入战场后，在世界范围内的使用时间超过70年，直至1955年11月爆发的越南战争期间，北越民兵还在大量使用。

俄军的步兵武器有一款马克沁重机枪，系从美国的发明者那里引进技术国产。战争爆发时，这种机枪装备的数量还很少，满洲军总共只有8挺，而且优先配给旅顺守军。开战后这种重机枪成批运到远东，不过在鸭绿江之战时还未投入使用。

俄国陆军装备前线部队的火炮，主要是国产的1902式76毫米野炮，引进德国克虏伯公司的技术，可发射6公斤的弹头，属于当时世界上比较先进的炮兵装备。

▲ 俄军使用的1891年式的莫辛－纳甘步枪，该枪是在世界上流行了70年的名枪。

▼ 俄国产的1902式76毫米野炮，是战时炮兵的主力。

日本陆军在明治维新后就非常关注世界先进武器，陆军装备在甲午战争时就已实现了国产化。1880 年，日本的"步枪之父"村田经芳通过到西欧考察，借鉴德、法步枪设计了村田十三年式步枪，不过属于单发步枪，至 1889 年研制出的二十二年式改为弹仓供弹的五连发。他的徒弟有坂成章大佐经过研究该枪在甲午战争中使用的情况，在 1896 年研发出明治三十年式步枪。使用 6.5 毫米口径的新型子弹。这属于当时世界上口径较小的步枪，不过精度较好，还大量销售到中国，因其保险装置为钩形而被称为"金钩步枪"。

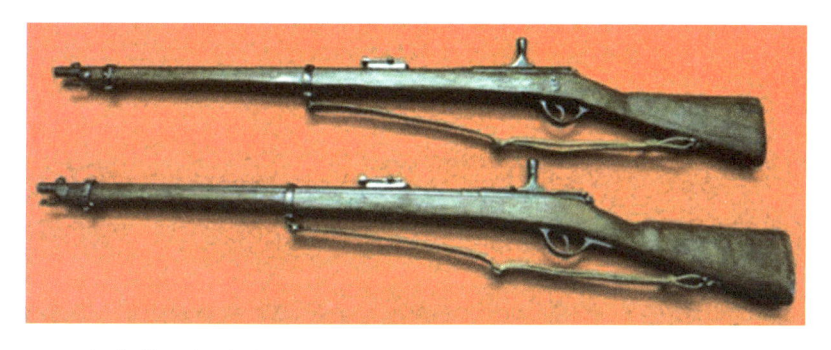

◀

日军在甲午战争和日俄战争中主要使用的是村田步枪，仿法国的格拉斯步枪并吸收了德国毛瑟 M 1871 步枪特点，中国人称其"金钩步枪"。

注意世界新式武器发展的日本军方，在马克沁重机枪出现后也予以重视，在 1901 年从法国购买了哈奇开斯式机枪的生产专利和 50 挺样枪，翌年在国内开始量产，不过在日俄开战时此种机枪还未批量装备部队。

主持研制日军通用步枪的有坂成章大佐，也主持了火炮开发。他在 1897 年从德国克虏伯公司购买 75 毫米野战炮的 220 个炮身、400 个炮身半成品，由东京炮兵工厂开始组装，接着又进行仿制，命名为三十一年式速射炮，也称"有坂炮"。

从总体上看，日军同俄军相比，陆军武器基本处于同一水平，

四　日本陆军攻入辽东半岛以少胜多　123

不过因日本距离满洲前线近且运输方便，弹药供应情况要胜一筹。

4月30日夜间，日军第1军以偷渡和强攻相结合，在安东上游渡过鸭绿江，基本沿用甲午战争中的进攻路线。由于日军此前有良好的夜间训练，指挥官们在当地又有作战经验，渡河顺利完成。俄军缺乏夜战训练，遭到袭击后显得惊慌，第一线堑壕阵地被轻易突破。

5月1日天亮后，日军扑向九连城，迂回驻守安东的俄军左翼。起初俄军还派出了预备队在火炮掩护下反击，被日军利用人数和炮火的优势压制。此时俄军指挥官扎苏利奇害怕被包围，下令向辽阳撤退，这种怯懦心理导致了鸭绿江防线只经过一昼夜战斗就被轻易放弃。

▲ 日本1898年定型的三十一年式速射炮，由有坂成章主持开发，所以又被称为"有坂炮"，是日俄战争中日军的主要战场支援火炮。

▶ 表现日俄战争中的日军突破鸭绿江的画作。

看到俄军后撤，日本陆军就想在追击中打一场围歼战。日军不少军官曾到德国留学，部队和院校也

雇用了许多德国教官，并按德军条令进行训练。指挥满洲日军的大山岩元帅就是德国"军神"毛奇的信徒。1870年的普法战争期间，他在普鲁士军队中实习，亲自观察了毛奇在色当战役中成功歼灭法军并俘虏法皇拿破仑三世。对俄战争开始后，大山岩就强调争取再打出一个"色当"，因而要求积极进攻和迂回包围，这与俄军的消极防御恰好形成鲜明对比。

▲
日本人所绘的大山岩元帅的油画。

日军的迂回战术首次对俄军实施，就包围了负责为撤退俄军殿后的东西伯利亚第11步兵团。俄国士兵表现出顽强的冲杀劲头，最后打破日军的拦截实现了突围，不过也付出了重大伤亡。日军乘胜前往凤凰城地区，准备向辽阳方向进军。

此次鸭绿江之战规模不大，对整个战争影响却很大。日本陆军就此摸清了俄军的底细，树立了能把它打败的信心。

日军顺利突破鸭绿江攻入南满，也影响了国际舆论界。英国此前对自己在远东结交的盟友的战斗实力还缺乏信心。经过这一仗，日军能获胜的看法在英国终于成为主流，日本政府在伦敦金融市场进行的融资活动也迅速取得了成效，很快又筹到相当1亿日元以上的贷款。

四　日本陆军攻入辽东半岛以少胜多

日军重操故伎登陆辽南，攻取金州断旅顺后路

日军突破鸭绿江三天后，按照甲午战争时在辽东半岛使用的战术，以海军输送陆军登陆，准备包抄旅顺的后路将其攻陷。令人奇怪的是，俄军如同十年前的清军一样昏聩和迟钝，对日军的登陆作战无准备、无反应。结果俄军最后的结局与当年的清军也几乎一样，所不同的只是因俄军的顽强而能在旅顺坚守了较长时间。

日俄战争开始前后，日军通过派出大量侦探，知道俄国在辽东半岛的东部海岸根本没有守军。十年前，日军选择了距旅顺较远的庄河花园口登陆，此次就选择在旅顺北面约100公里处的南貔子窝登陆。在此上岸的部队，能够以更快的速度切断旅顺的后方交通线，不过一旦遭遇俄军的迅速反击也具有一定风险。

表现日军第2军在辽南登陆的画作。

5月4日，由奥保巩大将指挥日军第2军3.85万人在海军掩护下，以运输船运送至貔子窝外的海面，前锋部队乘舢板迅速在猴儿石和小河口上岸，占领了登陆场并掩护后续部队陆续从这里的海边进入内陆。由于此时还没有出现专门的登陆舰艇，陆军在没有码头的地方上岸需要用小艇从船上转运兵员、马匹和武器，效率低且时间长。第2军全部兵力和装备上岸，足足耗费了近十天时间。

日军登陆的消息，当天就传到旅顺。当地俄军有4万人，在奉天至辽阳的兵力还有3万多人，完全可以从南北两个方面夹击登陆的日军，尤其是旅顺的俄军以急行军在两天内完全可以赶到登陆场。此时日军第2军只有少数人上岸，且处于"背水"和供应困难的状态，正是实施"半渡击"的好机会。

令军事观察家感到可悲的是，俄军只派出一支骑兵支队前往日军登陆的貔子窝方向侦察，发现敌人后未攻击就迅速撤回。旅顺港口内的太平洋舰队见外面有日舰巡逻封锁，也不敢派出大舰或小艇出海截击日军的登陆船队。

俄国远东总督阿列克谢耶夫海军上将此刻的反应非常快，却不是考虑如何反击，而是想尽快逃离战场。5月5日，他乘坐豪华列车仓皇离开长期坐镇的旅顺，向北逃往奉天。

满洲地区的俄国最高长官先逃，下属官员就一片恐慌。如在俄国人投资兴建的那座名为"达里尼"（大连）的滨海新城，行政官员大都携带眷属挤上火车，丢下空荡荡的房屋和大量公共设施无人看管。在城内的大批中国员工上班时，发现自己原来的雇主已不知日本表现其第2军登陆成功的宣传画。

去向。"老毛子跑了，小鼻子要来了"的消息，一时在城内风传。

上岸的日军行动非常迅速，在大部队和军用物资还没有运送完成时，先头部队就向大连以北的金州前进。登陆三天后即5月7日，日军第2军的先锋就逼近金州县城，接着又切断了中东铁路南端，旅顺就此成为一座孤城，守城的俄军被掐断了"食道"。

此刻奉天至辽阳的俄军只是在修工事，旅顺方面的俄军只派出第4师加部分附属兵力共1.8万人到金州地峡附近，着重在南山一带筑垒据守，坐等日军来攻。

日军第2军的大部队从容进行了登陆后的人员、物资输送后，至5月25日完成了攻击准备。当天深夜，日军第4师团利用大雨天气的掩护，向金州城突然发起攻击。这里驻守的俄军只是前哨部队，不过其城墙高3丈，守城者抵抗也比较顽强，那个以商贩为主体而一向勇气不足的大阪师团攻击了一夜，也没有取得进展。

看到第4师团攻击效果不佳，5月26日凌晨，日军投入了以东京兵组成的第1师团攻城，很快用炸药炸开城门并冲入。城内俄军见情况不利，天明前就撤至南山。

5月26日，日军进占了俄军放弃的金州城后，马上就向城内的南山发起攻击，因这里是大连以北的地峡的咽喉和主要制高点，海拔 106 米，扼住金州以南最狭窄的"蜂腰部"。这里东邻黄海西靠渤海，地峡宽度不过 4 公里，是以最短防线保卫旅顺的最好阵地。

俄军通过看地形和了解甲午战争的过程，已在南山修建了防御阵地，由永备和半永备工事组成。这里一共建有 13 座炮台、5 座堡垒和 3 个眼镜堡，从山脚到山顶挖了三道呈梯次布局的 2 米深步兵壕，三道步兵壕之间都有交通壕相连，前面还设有铁丝网、地雷场等障碍。

▲
日本描绘其第 2 军进攻金州俄军的宣传画。

对于这个相当坚固的阵地，俄军部署了西伯利亚第 5 团做一线防御，第 4 师主力在 10 公里外的大房身作为预备队却没有构筑任何纵深阵地。

第 4 师师长是老资格的傅克中将，是早年到俄谋职的德国容克贵族的后裔。他准备在俄军服役期满后，晚年回德国定居养老，因而被一些俄国人在背后骂成"德奸"。几代沙皇对德国陆军都非常推崇，聘用了一些加入俄籍的德裔到军中任职，这些人却没有热爱俄罗斯并为之奋战的情怀。傅克中将就是一个只想混日子保命的典型，指挥金州南山的防御时只让第一线部队固守，心里想着的是一旦挡不住就退缩到旅顺要塞筑垒圈内。

日军第 2 军司令官奥保巩大将却显示了积极进攻的精神，将手下三个师团兵力分出一小部分防范北面的俄军南下，主力 3.4 万兵力

四　日本陆军攻入辽东半岛以少胜多　　129

成梯次配备向金州南山发起冲击,并集中了261门火炮、48挺机枪进行火力支援。日本海军也抽调了6艘主力战舰到金州西部的海面,以大口径舰炮猛轰俄军阵地。

看到日本舰队掩护陆军攻击金州南山,旅顺俄国陆军司令史特塞尔中将要求港口的太平洋舰队出动支援守军。有2艘俄舰的舰长竟故意破坏机器,然后称无法出海,结果只有3艘轻型舰只出海参战,即炮舰"海狸"号、驱逐舰"机敏"号和"猛烈"号。史特塞尔得知此事后,将故意不出海的两名舰长逮捕,声称"要把他们绞死在哥萨克牧场上",海军将领却抗议其越权,旅顺的陆海军将领互相攻讦更影响了配合。

沙俄时期的宣传画描绘坚守金州南山的情景。

此时出海的俄国军舰还是发挥了一些支援作战,其中"海狸"号炮舰能开到距岸2600米,发射2000发炮弹,对日军第3师团造成不小的杀伤。附近高地的俄军第4师炮兵,也以火力支援南山阵地,不过毕竟没有改变日军的海陆炮火占优势的局面。

防御金州南山阵地的俄军第5团加上配属的炮兵总共有3800人,装备有65门火炮,还有刚运到的10挺机关枪,起初的防御还比较顽强。日军的攻击方式,还采取传统的集团冲锋,在机枪扫射和步枪瞄准射击下伤亡很大。

日军进攻时除了伤亡大，弹药也感到不足，奥保巩大将下令将留在北面普兰店的炮弹也全部调来，并在指挥所里大叫："打光最后一粒子弹和最后一颗炮弹，然后就用刺刀杀去！天照大神一定会保佑我们！"日军不断投入后续部队猛冲，炮火也对俄军炮阵地形成有效压制。

日本描绘其攻下金州南山的画作。

守卫南山的俄军第5团在日军轰击下，只有11门火炮还能使用，其中5门还是1900年占领东北时从清朝军队缴获的旧炮。

俄军的团长特列季亚科夫在情急之下，向师长傅克请求支援，而那个被骂成"德奸"的长官却不向前沿派任何援兵，还蛮横地训斥说："占据这么好的阵地，又有那么多的大炮，怎么对付不了日军？要枪毙几个胆小鬼，以稳定士气。"

此时由陆军大臣转任俄军满洲陆军总司令库罗帕特金得知金州南山激战，对于成功防卫这个地带也没有把握，下达的命令是撤退时要及时将阵地上的火炮运到旅顺，以防被日军俘获。上峰对坚守都如此三心二意，傅克见形势不妙就更不想守下去。

日军经过整整一个白天进攻，见无法突破，便在下午5时以后

四　日本陆军攻入辽东半岛以少胜多

利用退潮，以一部兵力在海边迂回冲到俄军阵地侧后。此时俄军若是在此有预备队或紧急调兵反击，很容易消灭这批暴露在平坦海边的敌人，团长特列季亚科夫却已经失去反击意志。傍晚6时半，日军把军旗插上南山高地，坚守了当地一天的俄军见后方不派兵增援，就利用夜幕降临逃走。

看到制高点已夺到手，第2军司令官奥保巩大将马上命令"一步也不许前进"，让筋疲力尽的日军马上修整工事，准备迎接俄军的反击。

▲ 法国画刊所描绘的日俄两军搏斗的场面。

出乎日军意料的是，他们得到的消息是前面的俄军一个师竟不战而退，向旅顺筑垒地带撤去。据日军统计，金州之战（主要是对南山的攻击）共死伤4380人。攻下一个高地付出这么大损失，此前从未有过，大本营接到第2军的报告后还以为是多写了一个零。俄军伤亡约1100名，损失并不大，从战斗技巧看还比日军高，败退主要是输在精神层面。

俄国官员受贿资敌，日军得良港供应便捷

金州之战后，日本人喜出望外地获得一个最大成果，就是完好地获得了俄国人命名为"达里尼"的城市，城内设施特别是运输工具基本都落到自己手里。

傅克中将率第4师从金州南向旅顺撤退时，守卫"达里尼"的俄军第16团2000余人在一天一夜内都随之跑掉，对城内重要设施包括铁轨桥梁都未破坏。日军进城后惊喜地发现，发电厂内所有机器还在正常运转，仓库里又堆满了各种物资，他们进城就能住进亮着电灯的俄式洋房。在火车站内，日本人发现只有几辆机车被烧毁，各种设施和400节车厢完整无损。1903年刚建成的第一期、第二期码头也没有破坏，港内还有未凿沉的大小50余艘船舶和数万吨存煤，这正好满足了日军运输的急需。

得到港口及设施完好的消息后，日本运输船马上运来几辆牵引机车，大批日军就能乘上车厢直接北上，进攻旅顺的部队又从这里方便得到本国轮船的补给。由于朝鲜北部至辽东的铁路还未通，登陆半岛的20万日军若没有海运码头，很难进行长期作战。

看到这令人吃惊的一幕，人们往往会问——完全有近代战争知识的俄军，撤退时为何不组织破坏大连的运输设施而让其落入敌人的手中？此事的责任后来俄军推卸到第16团的一个工兵中尉身上，说他因喝醉了酒，虽然得到破坏基础设施的命令但未能执行。

此说若仔细考究，可看出根本站不住脚。放弃一个新建的城市并进行军事上的处置，绝非一个中尉这样的下级军官能负责，何况从金州南山防线被突破直至俄军完全撤退有一天一夜，一个人哪里

▲
日本占领"达里尼"（大连）的宣传画，里面竟描绘"清国人"和欧美人对日军夹道欢迎，这纯属自吹式的虚构，因当地战地居民对外国军队都采取躲避态度。

日军占领"达里尼"（大连）的历史照片。

会酒醉这么长时间？此时城内还剩下的几千俄国平民，都在行政官员组织下有序地全部撤到旅顺，说明不实施破坏是故意为之。这件事的真相，过了很久才逐渐揭露出来。原来是日本事先派到这里的间谍已经买通了俄国一些官员，让他们保全城内设施不要破坏。

俄国的行政和军队官员为得到金钱，就不惜损国肥己，日方以小额贿赂就取得了巨额回报。此事说明沙俄政权已是腐败透顶，战时就会被敌人叮上这个有缝的鸡蛋。

日军第2军取得金州战斗胜利后，发现俄军从奉天南下的部队靠近，就让新建的第3军迅速派2个师团到达里尼登陆以对付旅顺的俄军，自己的3个师团转头北上迎击。奥保巩大将知道，若不打退这支来攻之敌，旅顺的俄军再进行反攻，第2军在狭窄的金州地峡受两面夹击就有覆没危险。

此时俄国沙皇尼古拉二世得知金州和"达里尼"相继失守，在震惊之余严令远东俄国陆军总司令库罗帕特金立即发动攻势，"要对旅顺的命运负责"。他还警告说："俄国的敌人将利用这一点尽可能使我们为难，而朋友则将把俄国视为软弱的同盟者而加以抛弃。"

那个战前狂妄地认为"一个俄国兵可以打败三个日本兵"的俄军统帅库罗帕特金，此时已没有了过去的自信，只想防守等待国内的援军。接到沙皇的命令后，他勉强派出西伯利亚第1军的2万多人南下以增援旅顺，不过下达的命令并不坚决——"如果敌先头部队较弱，应尽快将其击溃。遇到优势敌人不要硬拼，绝对不允许在战斗中将全部预备队消耗殆尽。"

6月6日，日俄先头部队在瓦房店遭遇，俄军迅速击退日军占领了瓦房店车站，却不再前进，而在得利寺附近安营扎寨并构筑起防御工事。这种消极态度，让日本第2军有了让第3军在达里尼登陆接防的时间，主力在一周内都转到瓦房店、得利寺一线。

6月14日晨，在奥保巩大将指挥下，日军以"正面牵制，侧面迂回"的方式向俄军阵地发起进攻。起初俄军正面抵抗还比较顽强，日军便进行了"肉弹攻击"，就是以成群的士兵冒着枪林弹雨进行自杀冲锋。面对俄军的火力拦截和不断出现的伤亡，奥保巩拿出进攻南山时的狂热下令："即使只剩下一个人也要继续冲锋。"

日军凭借着狂热冲锋，终于接近俄军展开了白刃战，日军另以一支部队迂回指向其后方铁路线，此时俄国第1军的军长出现怯战，并援引库罗帕特金"遇到优势敌人不要硬拼"的指令，下令全线撤退到熊岳城，南下救援旅顺的行动至此宣告失败。

在此次遭遇交战中，俄军伤亡了3301名官兵，日军死伤1145人。俄军败退时，还丢下17门大炮和2000多名伤兵，可见其逃走时之狼狈。

奥保巩看到俄军抛弃的伤兵，下令要给予救治，同时通过随军的英国、德国的观察员和记者对此大加宣扬。为表现自己"脱亚入欧"

已进入文明国行列,日方还邀请英国和其他欧美国家派红十字医疗队到南满战场,参加对双方伤病兵的救护。

日本武士一向有凶狠残忍的传统,在甲午战争中也曾对中国战

法国画刊描绘日军救治俄军伤兵的画作,日本当时的"战场秀"在国际上产生了很大影响。

俘和平民实行屠杀,为什么在对俄作战中会大发善心?这一伪善的行动,其实是日本服务于战争目标的一项政策。

日本上层一向有媚强凌弱传统,对蔑视者可任意欺凌,屠杀时也视同杀戮猪羊。甲午战争时日本人的对华观已转为极度轻蔑,而在对俄国作战时却仍有敬惧对手之心。明治天皇开战后就决定要尽快议和,因而作战期间一再向敌手表示"善意"。

头上有日本刀所砍伤疤的俄国沙皇尼古拉一世并没有在意日本这些虚伪的表示,俄军高官们作战意志却大受影响。看到日本能善待战俘和投降者,后来俄军在旅顺、奉天陆战和对马海战中失败时

都选择过集体投降，这让日军在当时国际上既显示了"文明"姿态又减少了自身损失，其极度凶残的"武士道"真面貌到后来的侵华战争和太平洋战争中才充分暴露于世界。

日军对俄国对手还表示几分客气时，对战区的中国人却是凶相毕露。他们所到之处，都强征老百姓当民夫，掠夺民间粮食，还对怀疑是"露侦"（为俄国人侦察）的人随意杀戮。俄军的表现同日军一样，在战区也大肆抓夫征粮，据统计其所需粮食的85%系"就地征集"。对怀疑是"日谍"的中国人，俄军也随意处决，不少无辜者遭受滥杀。

清廷见日俄在南满交战，划出辽河以东为"交战区"，后来看到一支俄军越过辽河西进，结果又将此区界线西扩。战区内的清朝地方官员有不少仍在其位，日俄两军都经常闯进府县衙门要粮要夫，不给就以武力威胁。满洲许多乡村没有清政府官员管辖，地方势力便组织了"民团"之类武装维持治安。如辽西就有一个"强人"张作霖组织民团，俄军控制当地时便为俄国服务，日军进入后再服从日本并求得一些武器，势力就此壮大起来，这又为他后来成为"东北王"奠定了最早的基础。

表现俄军在奉天强征老百姓粮食的画作。

四　日本陆军攻入辽东半岛以少胜多　137

大山岩率军北上，俄军兵多却节节后撤

1904年6月上旬至中旬，日军登陆的第3军兵力达到3个师团6万人，由新派来的乃木希典中将指挥。此人在甲午战争时担任旅团长，曾率兵攻克旅顺并指挥过屠城，又率兵攻占台湾并在当地任过总督，是在中国杀人不眨眼的冷血凶犯。

这个典型的军国主义分子在对俄开战后，被日本陆军安排"故地重游"，是认为他熟悉地形并有在当地的成功经验。乃木希典得到任命出征时，在妻子和两个儿子参加的送别会上说过："战场是'生死之地'，既然我们父子三人同赴战场，就要有为天皇捐躯的充分思想准备。谁死了都不要先下葬，等战争结束后，遗骨齐全时再一起下葬。"随后，他就扬言要准备三口棺材，以此来鼓励部属"赴死"的决心。

▲ 日本人所绘的乃木希典的油画，着意美化。

乃木希典在国内港口还未登船，就接到长子阵亡的通知，第一口棺材马上派上了用场。在金州战斗中，乃木胜典少尉作为小队长被机枪打中左下腹部，且子弹留在体内，出血严重。他因是将军的儿子，虽然送到野战医院后得到优先抢救，第二天仍不治身亡。

这个对中国人凶残异常却又喜爱汉诗的乃木希典上岸后,到金州和南山阵地看了一下,在长子的阵亡地写下吊唁的诗一首:

"山川草木转荒凉,十里风腥新战场。征马不前人不语,金州城外立斜阳。"

这首诗曾在金州城南刻碑留念,不过后来此碑被愤怒的中国人所捣毁。

在金州战场,乃木希典收到儿子的一件遗物——他自己在长子出征前花500日元(这是他两个月的工资)买来相送的望远镜。当被问道是否下葬时,这个满脸凶气的父亲拒绝,表示要留着和父子三人一起同葬。

乃木希典的两个儿子胜典(左)和保典(右),分别战死在南山和旅顺的203高地。

此时第3军司令部的人想安排乃木希典的次子乃木保典少尉担任后方纠察官,免得再上火线。此议被马上驳回,认为会影响士兵士气,最后的决定是安排他担任军部的联络副官。

乃木希典指挥的第3军以两个师团分南北两路,步步向旅顺逼近。俄军的旅顺地面部队司令、第7师师长康特拉琴科少将主张利用山地节节设防,要塞司令史特塞尔却命令部队尽快缩回旅顺防御圈内。

日军第2军在辽南打退了俄军第1军后,同突破鸭绿江北上的日本第1军会合,在当地又组建了第4军并以野津道贯为司令官。日军为统一指挥在南满的各部队,于6月20日成立"满洲军总司令部",以大山岩陆军元帅任总司令,担任台湾总督的儿玉源太郎此时被调来担任满洲军的参谋长。

儿玉源太郎的照片，此人老谋深算十分奸诈，是对俄战争的主要战场谋划者。

日本军队中的传统，通常是"司令官下决心，参谋长负责指挥"，前者清闲后者忙。日本陆军对俄作战的具体指挥者，就是这个儿玉源太郎。乃木希典担任台湾总督时，感到这个岛屿开发价值不大且耗费不少防守费，曾提议以1亿日元的价格将其卖给法国，还得到许多高官赞同。儿玉源太郎则反对"卖台"，并自荐担任总督，事后证明日本确实从这个宝岛上掠取甚丰。此人后因力主向中国东北移民，又被称为"满洲开拓之父"，伪满"首都""新京"的中心公园也曾经被命名为"儿玉公园"。

经儿玉源太郎筹划，大山岩最后拍板，日军第1、第2、第4军从6月底在辽南发起攻势，首要目标是攻占大石桥和营口。辽南的俄军后撤时破坏了一些铁轨和桥梁，从"达里尼"码头至盖平段的铁路预计到8月底才能修复，导致前线日军的弹药不足。如果能攻下营口，日本的运输船就能直接开到这个辽河的内河港以补充粮秣及武器弹药。

俄军面对日军的分路进攻，还是消极防御，分兵防守，而且搞不清敌方主攻方向。结果当日军在辽阳东南佯攻时，在此指挥的满洲军总司令库罗帕特金将西面的主力调到东南，日军乘虚攻击大石桥、营口。起初俄军的炮兵靠巧妙组织火力，给进攻者不小的杀伤，挫败其白天的攻势。日军第5师团就在夜间"潜入高粱地，夜袭太平庄西方高地，将其占领"。俄军缺乏夜战训练，遇到夜袭就惊慌不已，丢弃了大石桥一线的阵地。通过日俄战争，第5师团在日本有了"钢军"之称，被视为战斗力最强的部队，后来在侵华战争中该师团也在平型关、台儿庄、昆仑关同中国军队激战，还成为南下攻占新加坡的主力。

7月26日，日军占领了营口，国内的来船能直接开到这里卸下补给，这又保障了进攻辽阳的弹药和其他物资的需要。

辽阳是奉天的门户，俄军自1900年进兵东北时占领此地，就将其作为要塞，在外围构筑了大量的坚固工事，还把城墙凿开隧道10处。日俄战争开始时，这里又修建了大量碉堡群，每个碉堡设炮数门，还在外面挖掘堑壕，并架设铁丝网、挖狼阱、埋地雷。库罗帕特金还扬言："宁死不从辽阳后退。"

从8月14日开始，大山岩指挥三个军总计13.4万人分三路向辽阳发起总攻，首先攻下鞍山。库罗帕特金指挥俄军16万人在此地防守，后面的奉天还有新调来的预备队6万人。尽管日军的兵力和火炮数量都居于劣势，却敢于主动进攻。俄军只是守在筑好的工事中防守，结果对方集中兵力就以突破一点，直逼辽阳城下。不过日军在俄军猛烈火力下伤亡也不小。据其战史记载称："第二军和第四军的司令官鉴于部队的巨大伤亡和炮弹不足，已声明不能

描绘驻守辽阳地区俄军形象的画作。

四　日本陆军攻入辽东半岛以少胜多

继续进攻。"

8月31日，日军第1军一部以迂回战术绕到俄军侧后，有切断辽阳同奉天的交通线之势。库罗帕特金担心主力被包围，于9月3日下达了向奉天撤退的命令，过去耗费巨大的城防工事也被丢弃。俄军急于逃走，对大量无法运走的物资就点火焚烧，整个辽阳城上空顿时一片浓烟。此时已经精疲力竭的日军见此情景喜出望外，立即恢复冲击，第5师团于9月4日凌晨占领了辽阳城。大山岩因自己的部队太疲劳且没有预备队，没有下令追击。

▲ 大山岩在中国指挥时的照片。

辽阳会战结束后，英国派到日军的代表汉密尔顿到日军司令部祝贺成功，并认为此战是"满洲战争伟大的最后一幕"。他还问大山岩元帅："是否满意日军行动的结果？"得到的回答是——"不过如此，只是俄军的撤退组织得太完美了！"俄军从精心筑构的坚固的阵地撤退时，组织还比较严密，对手也无力追击，因此这次会战中日军只抓到84个俘虏。

▶ 表现辽阳会战中俄军败退的画作，背景为该城著名的古塔。

日军在辽阳会战期间发起夜间攻击的画面。

从总体上看，此战日军在兵力上是以少击多，火力也不占优势，想包围歼灭过去素称强悍的俄军是办不到的，能攻下俄军在南满坚固程度仅次于旅顺的辽阳要塞就是一个大胜仗。

俄军放弃辽阳，无论在军事上还是在政治上都是大失败，旅顺守军就此失去了得到满洲军主力南下救援的可能，俄国的军心士气也大受影响。欧美的舆论界过去虽大都不同情沙俄，多数也不相信日本能获胜。经过辽阳一战，他们几乎一边倒地认为俄军败局已定。

如果从战术和战果上看，俄军在辽阳战役中表现还不算差。双方的统计是，俄军伤亡为1.9万人，仍有大量的预备队未动用，并没有大伤元气。日军伤亡为2.3万人，又没有了预备队。有雄厚兵力的俄军最后撤退，主要原因就是指挥官总是害怕后路遭切断而陷入包围，发现日军一支小部队出现在侧后方便惊慌后撤。俄军消极防御到了如此地步，说明平时沉溺于酒色的高层指挥官大都怯战畏战，只能被动挨打。

此时日军虽兵力不足，指挥官大山岩、奥保巩、野津道贯等人却充满了进攻精神。他们在甲午战争期间又曾率兵于辽南与清军作

四　日本陆军攻入辽东半岛以少胜多　143

战，熟悉当地战场，夺取营口港并抢修铁路后补给也比较及时，夜间作战水平远胜俄军。日本下级军官和士兵作风凶悍，敢于向强敌冲击，不过因经常蛮干也付出较高的伤亡代价。

通过辽阳一战，俄军统帅库罗帕特金也认识到双方在素质上的差距。他在内部承认：日本军官特别是中高级军官受过高等教育，"在前方过着简朴而严格的生活"，"从总司令到士兵上下一致的特性"是坚决勇敢，"知道为什么而战"。库罗帕特金同时认为，俄军高级指挥官不熟悉战地，而且盲目自大，未能"做好对日作战的准备"。有许多军官畏战、避战，遇日军突破不敢进行反击，甚至采取先撤退、后报告的无纪律方法。

俄军存在的弊病不仅仅在上层，下级官兵也是士气不振。此时民主主义的思想已经在俄国内部传播，革命者反对侵略战争宣传也影响到军队，不少参战者认为这场不义之战与自己无关，自然不愿卖命。

库罗帕特金和此前在旅顺阵亡的马卡洛夫等俄国高官都看到军队内部的种种弊病，却没有点到其根源，自

▼
沙俄宣传画中所绘的满洲军司令库罗帕特金。画中美化其勇武，其实此人在开战后由狂傲转为怯战。

然无法纠正。俄军出现的种种弊端，从本质上看正是已走向没落的沙皇专制体制所造成，而且此时已病入膏肓，无药可医，战争也只能以失败告终。

五

打瘫太平洋舰队后
日军猛攻旅顺

▲
沙俄所绘的旅顺防御战宣传画，夸张地表现俄军能打退日军的进攻。

日俄战争前期的焦点，一直都在旅顺口。俄国太平洋舰队只要还在港内，就能威胁日军的海运命脉，将其消灭就成了日本人打开胜利之门的钥匙。

沙皇俄国自1898年强行"租借"旅顺后，声称要将其建设成"东方第一要塞"。在此前清朝修筑的军港和炮台的基础上，俄国又派专家重新勘测设计，接着投入3000万卢布（折合白银2000万两）资金，全面升级港口和要塞。俄军招募了6万名中国民工，由大量俄国技术人员组织，修建了40多座坚固堡垒和70多座炮台，除配备通电的铁丝网等先进的防御设施。这座要塞改变了过去的砖石结构，使用了当时世界上最先进的混凝土构筑方式。不过基本的军事规律说明，攻势防御才是有效的防御。只缩在阵地里的消极防御，纵然有再好的工事也会失败，当年守旅顺的俄军除了出海逃跑就是消极固守。

太平洋舰队突围组织混乱，溃散后自废武功

自 1904 年 5 月底放弃金州以南的阵地后，俄军就向旅顺防御圈退缩。当地陆军守备部队有第 4 师与第 7 师，加上附属炮兵部队和海军，总兵力有 4.7 万人。守军有炮 646 门，机枪 62 挺，港内海军有战舰 38 艘。不过俄军物资储备不算充足，平均每门炮只有 400 发炮弹，粮食够吃半年。俄国虽雇佣他国船从海上偷运少量物资，在日本军舰拦截下成功率并不高。

此时旅顺要塞由陆军司令史特塞尔中将总负责。此人是职业军人出身，18 岁入军校后逐步晋升，到 56 岁升到中将，八国联军侵华时率兵攻入过天津、北京，据说熟悉中国情况并喜欢与华籍商人交往。旅顺的炮兵司令斯米尔诺夫中将曾向沙皇密报，史特塞尔"私德很差"，不仅心胸狭窄、头脑糊涂，而且贪生怕死，开战后竟然一次也没上过前线！举报中还说，此人有一恶习是让"一些酒鬼，频频出入其家，大行不正之事"。

俄军旅顺要塞司令史特塞尔彩像，此人是侵华干将，又被俄国称为懦夫叛徒，只被日本人称赞。

这里说的"不正之事"，就是让自己的属下和城内的中俄商人来赌博。上司召部下、驻军司令叫当地商人来聚赌，谁能赢钱显而易见。史特塞尔夫妇都是敛财能手，还同有俄籍的山东商人纪凤台一起在城内大搞地房，由此又吸引了一批

五　打瘫太平洋舰队后日军猛攻旅顺　149

有中俄双重身份的人到旅顺经营。有的日本谍报军官也乘机化装成中国商人，在城内开店而建立了情报据点。

沙皇得到了告发密报，曾通知了满洲军司令库罗帕特金，后者便来电让举报者斯米尔诺夫中将接任要塞司令。史特塞尔却扣押下这一电报不宣布，据估计是想握住要塞司令的职权，以保护个人在当地的私财。沙皇随后感到不宜临阵换将也不提此事，直至旅顺投降时斯米尔诺夫中将才知道司令应该是自己！沙俄官场混乱到如此程度，真是让人惊叹。

从地形上看，旅顺以东的几十公里多是山地，可以组织节节防御，延迟日军攻城时间并增加其伤亡。第7师师长康特拉琴科少将又主张向达里尼实施反击，化被动为主动。史特塞尔中将却只相信过去修筑的防御阵地，命令部队只节节实施轻微抵抗，一个月内就全部退到堡垒防线内，连日本人也没有估计到对手退却如此之快。

旅顺外围筑有混凝土工事的防御圈，纵深大都在10公里之内。此时日军的远程重炮射程已达12公里以上，在防线外都能打到港内，只是因没有占领制高点难以校正弹着点，只能实施"盲射"。俄军这种一线防守方式的最大弱点，又是对方若"一点突破"会满盘皆输，俄军只能祈求全线都能守住。

看到日军从陆上包围旅顺，炮弹在8月初的"盲射"中又打进旅顺港，8月7日沙皇一道谕旨通过电台传到旅顺——"舰队迅速突围驶往海参崴"。那里的港口设施虽差，却难以被日军陆上围歼，军舰到此还能基本保住。

此时的太平洋舰队因马卡洛夫随舰触雷身亡,由原参谋长威特赫夫特海军少将继任司令。此人以平庸、怯懦和办事粗枝大叶而众所周知,得到突围命令后就传达到各舰和港口内的海军单位,对复杂的出海行动既没有细致部署也不注意保密。

原来太平洋舰队的主力是7艘1.1万吨至1.3万吨的战列舰,此前"彼得罗巴甫洛夫斯克"号随同马卡洛夫一起沉没,能突围的俄太平洋舰队还有6艘战列舰(包括开战时遇袭中雷又修好的2艘),包括新旗舰"皇太子"号、"列特维赞"号、"佩列斯维特"号、"胜利"号、"波尔塔瓦"号和"塞瓦斯托波尔"号,此外舰队还有4艘巡洋舰。旅顺港内能出动的驱逐舰有16艘,有一半要留下承担港口防务,伴随主力舰队出动的有8艘。在这些战斗舰艇之外,舰队里还有一艘医疗船"蒙古"号,许多太平洋舰队军官的太太们蜂拥登上这艘本该作为医疗船的辅助舰,而且携带了大包小包等细软,完全是逃难的模样。

在1911年英国海军率先更换内燃机并以油料作为军舰燃料之前,此前半个世纪内的各国蒸汽机军舰都以煤为燃料,出发前的准备如运煤等工作就需要很长时间。8月8日,俄国舰队开始准备去海参崴,军官家属们忙于准备行装,搞得城内人尽皆知。日本间谍此时还没有电台,却在夜间赶到城外一处海边约定地点,用灯光信号向海外的日本侦察小艇报告。8月9日晚上,俄国军舰锅炉纷纷点火产生了大量浓烟和火光,又被旅顺港外负责监视的一艘日本鱼雷艇观察到,这导致俄军舰队的行动计划完全被敌手预先了解。

在旗舰"三笠"号上的海军大将东乡平八郎得知俄军动向，马上决定集中力量进行拦截，否则让俄军跑到海参崴就难以进行海陆夹攻围歼。经历5月间"恶魔一星期"的惨重损失后，日本联合舰队只剩下4艘战列舰，在2艘战列舰触雷沉没后，只好用刚从意大利购买的8000吨级的装甲巡洋舰"春日"号、"日进"号来凑数，战斗力已大不如前。日本舰队还有8艘防护巡洋舰、18艘驱逐舰和30艘鱼雷艇，这方面还占有些优势。

东乡平八郎事先虽认为并无胜利把握，仍率领联合舰队赶到旅顺以东海面准备决战。

1904年8月10日凌晨1时，旅顺西港区内亮起了一盏信号灯，要出港的舰只也纷纷亮起了信号灯和照明灯。在旗舰"皇太子"号战列舰上，太平洋舰队的乐队奏起了《上帝颂》，岸上奉命留下的陆战队军乐团也奏响了俄罗斯国歌。码头上的俄国军人、工人观看到出航场面纷纷高呼"光荣的海军万岁"，以为他们终于有勇气出海同日军作战。他们哪里知道，舰队出港并不是"光荣"作战，而是"屈辱"地逃跑。

▼
日本人所绘的旅顺口外黄海海战的画面，此战使俄太平洋舰队困守港口不敢再战。

俄军几艘扫雷艇率先驶出港外进行扫雷后，俄国舰队摆好队形出港。中午12点后，已在航道上等候的日本舰队发现了俄国舰队。此时俄舰队中因有些旧舰，只能保持时速13海里。日本舰队大都是较新舰只，因而能有16节航速。十年前中日海战中，日舰就以航速的优势让北洋海军完全陷入被动，此次对付俄国舰队又是如此。

出航前有俄国海军军官提议，舰队可以分成快速、慢速两个编队，遇拦截时高速分队就可以趁机溜走，低速舰若逃不掉也可返回旅顺。另有一建议是选择天黑时出航，再分散行动直奔同一目标。那个昏庸的舰队司令威特赫夫特海军少将却计不出此，偏偏选择宜于编队航行的白天出港，遇到日本舰队后又只想逃走而回避交战。

双方舰队相遇后，俄方以回旋方式同日舰进行"捉迷藏"式机动，双方还在8000米外相互炮击。此时东乡平八郎也犯了一个重大指挥错误，只想占据有利炮位，经几次转向使自己的舰队与俄舰拉大了距离。对俄国人特别幸运的是，此时海上起了浓雾，日舰一时失去目标，这给了俄军逃走的大好机会。

▲
表现俄国舰队在黄海同日舰海战的油画。

在这个关乎舰队命运的时刻，战列舰"列特维赞"号过去破损的修补处突然漏水，速度下降。愚蠢的俄舰队司令威特赫夫特为了等待这一艘军舰抢修，让舰队所有舰只都降低速度，理由是沙皇命

五 打瘫太平洋舰队后日军猛攻旅顺 153

令他"将每一艘军舰都带回海参崴"。如此机械僵化地执行命令，就抓不住稍纵即逝的有利时机。

果然，当"列特维赞"号的漏洞很快堵住，俄舰队准备继续加速逃跑时，日本联合舰队已经追上来。正如有人所称"上帝给你机会你没有抓住，剩下的只能是厄运"。

下午5时半，因日本舰队速度快，双方接近到8000米左右。日舰的一发305毫米炮弹打来，恰好命中了俄旗舰"皇太子"号的舰桥，猛烈的爆炸使舰队司令威特赫夫特少将和身边的几名军官瞬间身亡。更糟糕的是，这个倒霉的司令事先没有按作战条令指定继任指挥者，他的死亡导致整个舰队无人指挥，整个阵型大乱，在日舰的猛烈攻击下出现溃散，每艘军舰上的舰长们都互不相顾各自逃生。

此时日舰的炮击水平还不算高，在一个多小时的炮战中没有击沉或重创任何一艘俄舰。俄舰的还击也很猛烈，日本旗舰"三笠"号的舰体和舰长本人都严重受伤，舰上官兵死32人伤78人，几乎所有的火炮都被打哑。接着天色渐黑，俄舰在夜幕中消失，东乡认为它们会继续逃向海参崴，命令快速的驱逐舰和鱼雷艇追上去夜袭，结果没有找到目标。

原来，俄国舰长们自行决定去向时，大都选择了向南逃回旅顺口，因为去海参崴路途遥远凶险难测，回港暂时还能求得苟安，结果5

▶ 在黄海海战中首先中炮阵亡的俄太平洋舰队司令威特赫夫特少将。

艘战列舰和1艘巡洋舰在夜间回到旅顺。只有巡洋舰"诺维克"号向原定方向行驶，不过没有去海参崴而是逃向更远的库页岛，在遭到两艘日本巡洋舰的拦截攻击后在库页岛南端触礁搁浅，只好自行炸毁军舰而让官兵上岸。

丧失了司令的俄国旗舰"皇太子"号以及3艘驱逐舰逃往德占青岛，按战时中立国的规则被解除武装扣留，战争结束后才被允许返俄。还有2艘巡洋舰抱定"不论死活我都不愿意看见旅顺这个臭水洼"的信念，分别逃向上海、西贡，同样被解除了武装并受扣留。

▲ 表现黄海海战中俄国舰队的油画，前为旗舰"皇太子"号战列舰，该舰在司令阵亡后自行逃往青岛。

◀ 1904年8月11日俄舰"皇太子"号到德占青岛后的照片，可看出舰上中炮损坏严重。

五　打瘫太平洋舰队后日军猛攻旅顺　　155

在这场被称为"黄海海战"的日俄舰队决战中，日本人还是取得了战略性胜利。人称"一发击毙舰队司令的炮弹，炸飞了俄国海军的突围梦"。外逃到中立国的军舰等于可耻地自愿退出战争，返回旅顺的俄舰再也没有尝试突围，战舰的火炮被拆下来安装在陆地上作为固定炮台，水兵则被编进陆军守备部队。

把经过复杂的军舰操作和海战训练的水兵当陆地步兵使用，是一个极大的浪费，这样即使保存下军舰也会缺少开动的人手。此时的俄军却是饥不择食，只导致海战、陆战双失败。

后来，日本军校教学时介绍旅顺口附近的海战时，教官讲述胜利原因时曾说过："第一靠运气，第二靠运气，第三还是靠运气。"讲这三个"运气"，是认为神灵总会眷顾日本。

第一个运气，是日军开战偷袭旅顺时俄军无戒备，否则绝不能轻易取得海上优势；第二个运气，是日军布下的水雷首次发威就炸死了马卡洛夫，俄舰队失去了战斗灵魂；第三个运气，是日军在拦截俄舰队突围时一炮打死了其司令，导致全舰队顿时溃散。

这三个偶然因素，的确导致了俄国海军的失败，不过唯物辩证法认为偶然性都存在于必然性之中。几次"灾星"的降临，都由俄军的疏忽和懈怠造成，这又是军事体制腐朽的结果。

得知黄海海战失利，沙皇尼古拉二世仍相信俄国最终会取胜，并向母亲玛利亚皇太后说："上帝会保佑俄国人打赢这场战争。"

那个原为丹麦公主的俄国皇太后一向喜欢幼子而与长子不睦，便马上刻薄地回答尼古拉二世说："尼基，你和上帝的关系很奇怪，上帝凭什么保佑你？好像上帝是少将，你是他手下的上校一样。"

事实是，机会总是留给有准备的人。

海参崴分舰队虽惊动日本却终落入陷阱

日俄战争开始后，海参崴内还有太平洋舰队的一支很不起眼的分舰队，由三艘1万吨级的装甲巡洋舰"格罗姆鲍伊"号、"俄罗斯"号、"留里克"号为基干组成，同时配有只能用于守港的老旧的"勇士"号巡洋舰和"列娜"号辅助巡洋舰，由耶森少将任司令。入冬后，内港即金角湾一带不封冻，外部海面却有半米厚的冰，只有靠破冰船开路才能勉强出行，一年内有四个月行动很不方便。

日军看到这个港口的位置不太重要，开战后只派上村彦之丞率领第二舰队负责监视海参崴。日本海军认为在4月份解冻之前俄舰出不来，没想到俄军分舰队司令耶森少将颇有积极进攻的精神，得知开战后就设法让吨

俄军太平洋分舰队的"俄罗斯"号装甲巡洋舰准备使用气球升空观测的历史照片。

位较小的军舰驶出，袭击日军本土的海上运输线。

开战两天后即1904年2月11日，俄军分舰队在北海道边的津轻海峡击沉了日本1084吨的"奈古浦"号货船，取得首个战果。解冻之后，耶森少将更是率分舰队频频出击，于5月25日在朝鲜元山附近海面击沉了600吨的"五洋丸"和3967吨的"金州丸"号。

▲
表现俄军耶森所率分舰队袭击日本沿海轮船的画作。

日本海军留给上村彦之丞所率第二舰队的是火力、装甲属于二流的4艘装甲巡洋舰即"出云""常磐""磐手"和"吾妻"号，还有参加甲午战争后已落伍的防护巡洋舰"浪速""高千穗"号。1904年2月22日，上村舰队逼近海参崴，在乌苏里斯基湾附近向要塞实施炮击，在要塞炮台还击后马上后撤，这使俄军被迫增派部队加强这一带的守备。

上村舰队的实力远超过俄国分舰队，却找不到对手，因日本海雾气一向很大，耶森所率分舰队的活动又飘忽不定。耶森和上村所率两支舰队在日本海内曾擦肩而过，海上的浓雾却让他们都没有发现对方。

海参崴基地位于俄国境内，当地情报部门效率高，日本间谍不像在居民成分复杂的旅顺那样便于活动，也无法发回俄舰进出的情报。

6月12日，俄军分舰队利用夜暗出港，躲过敌方舰队的搜索，于6月15日天亮后突然出现在日本西部的海运咽喉部下关附近。俄舰拦截住3300吨的"和泉丸"号，让其船员乘小艇离船当俘虏，然后开炮将船击沉。接着，分舰队又驶到对马海峡，在那里逮到了一条"大鱼"，就是6172吨的运兵船"常陆丸"号。

"常陆丸"上运载着近卫师团的一个步兵大队，共有1252名陆军士兵。俄舰靠近后，日本士兵用步枪射击，这种无效果的抵抗同十年前甲午战争开始时遭日舰攻击的"高升"号上的清军一样。俄舰毫不客气地开炮轰击"常陆丸"，船上的日军大队长须知中佐见既不能逃也无法抵抗，就集合部属军官焚烧军旗后剖腹自杀。船只沉没时只有37人跳水逃生获救，其余日军和船员以及英国派来帮忙的船长都随船丧命。

▲
表现"常陆丸"船上的日军大队长须知中佐集合部属军官焚烧军旗并准备剖腹自杀的油画。

日军感到最心痛的还不是兵员的损失，主要是"常陆丸"号上

五 打瘫太平洋舰队后日军猛攻旅顺　159

所载的18门280毫米攻城重炮也沉到海底。这种重炮是日本靠意大利工程师设计,在1888年研制成的一种海岸防御炮,共生产了190门,配备国内重要的海边炮台。乃木希典率第2军在"达里尼"登陆后,认为攻击旅顺需要重炮,于是国内从海岸上抽调了第一批共18门装上"常陆丸"号,结果全部在途中损失,这大大影响了日军攻击旅顺之初的火力支援。

俄国分舰队随后继续寻找猎物,又击沉商船"佐渡丸"号,日军第二舰队气急败坏地赶来时发现俄舰队早已飘然而去。上村彦之丞以为俄舰会返回海参崴,就向那一方向追击。耶森却料到这点,就趁日本本州岛西海岸的防务空虚,向北扫荡,又击沉3艘、拦截住4艘日本货船,还俘虏了其中2艘货船后扬长而去,绕了个圈子再平安返回海参崴基地。

俄舰的这种袭击屡屡成功,有一个原因是在舰上配备了气球,在气象条件允许时就可升空。气球所挂吊篮中的观测员可在百米左右的高空搜寻目标,视距由原来桅杆上的不足20公里扩展到40公里,由此开创了军舰同航空器结合的新作战方式。

6月28日和7月17日,海参崴分舰队经回港加煤和休整后两次出击,穿过津轻海峡沿日本东海岸南下,途中击沉了多艘货船,甚至出现在东京湾附近海域。日本当局因京畿震动,下令上村舰队马上追堵,并派许多民船出海侦察,没想到耶森率舰队再次逃过搜捕。

从日俄战争中俄国海军的战绩看,太平洋舰队的这支小小区舰队取得的战果,已超过太平洋舰队主力和后来远航而来的波罗的海舰队。由此可以看出，海军的价值就在于积极出击，像太平洋舰队主力那样消极地坐守旅顺港内是最愚蠢的。

俄国分舰队的袭扰，让日本举国哗然，上村彦之丞被愤怒的日本民众骂为俄国间谍，他在东京的住宅也遭到袭击，玻璃被打碎，老婆带孩子逃回娘家。日本有的政客还提出将上村送上法庭，甚至有人给他寄去短刀要求其剖腹谢罪。

明治天皇此时没有怪罪上村，东乡平八郎还为之辩护，说他没有取得战绩是因战场环境与自己不同，并且没有陆军的配合。上村彦之丞沉住了气，继续选择伏击地点。8月9日，日军接到俄国太平洋舰队要从旅顺向海参崴突围的情报，上村马上料到俄国分舰队会来接应，便在比较狭窄的朝鲜海峡张网以待。

▲
上村彦之丞中将和女儿利子。

果然，8月9日晚上，耶森少将在海参崴接到了一封从奉天转过来的有线电报，说太平洋舰队要从旅顺出海，令他率分舰队开向朝鲜海峡接应。当时以煤为燃料的军舰为做好出发准备需要一天时间，到10日晚上耶森才率舰队鬼魅般地驶出了海参崴。因电讯联络不灵，他不知道当天下午太平洋舰队在黄海海战中已溃散，自己永远也不可能接应到友军。

五　打瘫太平洋舰队后日军猛攻旅顺　161

耶森其实知道分舰队力量太弱，不可能帮主力舰队多少忙，远出还很可能进入险境，不过还是按命令全力以赴。由此看来，这位将军在俄国海军中还真是少有的尽职尽责人物。

分舰队出海后，耶森对航速进行了分析，认为应该在8月13日午后在日本海与太平洋舰队主力会合，当然这是最理想状态，如主力舰队遇到拦截可能拖延。这天傍晚前，他一直见不到突围舰只到来，却尽职尽责多留了一段时间，还想救援可能冲出封锁的本国舰只。

8月14日凌晨，耶森舰队的3艘巡洋舰已前出至对马海峡，早过了预定会合地点。14日太阳升起的时候，耶森对与主力舰队会合已不抱任何希望，想返航却已错过时机。

日出之后，上村彦之丞率领第二舰队4艘装甲巡洋舰、2艘防护巡洋舰出现在俄舰北返必须经过的海面上，即在釜山以东80公里的海面。双方狭路相逢，真是仇人相见分外眼红，上村总算找到了发泄胸中积压几个月怒火的机会。日舰在数量、火力、航速等方面均占据绝对优势，明知无法取胜的耶森试图竭力突破拦截，以最快速度向北逃逸。

▼
日本所绘的击沉俄舰"留里克"号的画作，实际上该舰系最后负伤后自沉。

双方进入舰炮射程后，日舰马上显示出火力优势，"磐手"号的一发203毫米炮弹命中了位于俄舰队末尾的排水量1万吨的"留里克"号。炮弹钻进一号锅炉舱爆炸，使该舰瞬间丧失了四分之一的动力，航速下降，成为敌方集中火力打击的首要目标。"留里克"号的舰长特洛索夫上校挂出了"舵机失灵"的信号，希望另外两艘俄舰不要管自己而快跑。分舰队司令耶森却不忍心，几次率两艘返回救援，想争取一些时间让"留里克"修理损伤，然后一起离开。

激战到上午8时半，"留里克"号中弹累累已在劫难逃，舰长和副舰长相继阵亡，临时舰长、只有中尉军衔的伊万诺夫看到"格罗姆鲍伊"号、"俄罗斯"号为了搭救自己久久不肯离去，为了让两舰尽快脱身，同时避免本舰成为日舰的俘虏，便下令打开通海闸自沉。

看到"留里克"号下沉，耶森才率剩下的2艘巡洋舰向北冲去，一面行驶一面向追击的日舰开炮。日本"磐手"号巡洋舰中炮受伤先行返航，"吾妻"号也发生故障，只好放弃追击。

包围俄舰"留里克"号的日舰目睹了对手的自沉，上村彦之丞表示钦佩，下令打捞落水者，舰上有625人获救，其余224人阵亡。此时日本军舰上有外国观战记者，将积极搭救俄国水兵的消息在国际上广泛传播，成为英美等国称赞的一场"战场秀"。日本国内舆论对上

▼
日本吹嘘上村彦之丞的宣传画。

五 打瘫太平洋舰队后日军猛攻旅顺　163

逃回海参崴的"俄罗斯"号巡洋舰的照片，可看出弹痕累累损坏严重。

村也马上发出赞叹之声，由"露探"的形象变成了英勇作战并富有骑士精神的民族英雄，还有人专门为此谱写了一首《上村将军之歌》。

耶森少将率领"格罗姆鲍伊"号、"俄罗斯"号挣扎着驶回了海参崴，军港岸边的人惊讶地看到舰上的舰桥、火炮等差不多都被摧毁，能开回来真是不易！

在这场海战中，日军舰队以6∶3的优势只击沉了1艘敌舰，而让另2艘成功逃脱，在战术上不算太成功，却完成了消除俄军分舰队威胁的战略性任务。俄国抢占旅顺后，就将军港建设重点放在了那里，海参崴内没有像样的修舰能力。2艘回港的俄国巡洋舰直至战争结束都没有修复，港内2艘老式军舰又只能做近海防御，再也不能去袭扰日本的海上运输线。

上村彦之丞所率舰队的这次胜利，终于让日本在战争开始后完全掌握了无人撼动的制海权。

乃木对俄军将领贿买诱降不成，"万岁冲锋"又受挫

俄国太平洋舰队及其分舰队瘫痪后，日本人仍认为旅顺一天不攻克，俄舰就有一天的出海危险，而且俄国海军的主力波罗的海舰队又有向远东开动的消息，因此尽快攻下旅顺并消灭港内军舰是当务之急。

此时包围旅顺的日本第3军兵力达6万人，有火炮400门（其中攻城炮198门），机枪72挺，拥有52艘战舰的联合舰队还封锁了港口。日军在8月10日取得黄海海战胜利后，感到旅顺俄军肯定会斗志沮丧，便玩起了诱降。8月16日，日本军事使者打着表示和平交涉的白旗进入俄军阵地，送来了给史特塞尔司令的信件，其内容是：

"旅顺口俄军总司令麾下：

旅顺口之灿烂防守，诚令举世惊奇。但其海陆各方，均被我优势兵力所包围，待援无望；纵有天才杰出之将领、忠勇善战之俄军，归根到底，要塞必下。我军已准备就绪，待命总攻，一旦海陆并进，要塞指日可破。

兹为造福人类，避免无谓牺牲起见，特向钧座提议，从事投降谈判。如蒙采纳，即请于明日（明治三十七年八月十七日）上午十点前示知为荷。"

该信的落款，是乃木希典和东乡平八郎。令人惊奇的是，乃木

同时还给史特塞尔的夫人写了一封信并附上一张支票，信的内容如下：

"贵妇妆次。偶逢军使之便，谨申至深之忱，兹冒昧呈上朝鲜垦殖银行支票一万元，务祈哂纳，以供慈善事业之需。

仆乃木男爵谨启"

据当时生活在旅顺要塞的家属区，后来在苏联写成《旅顺口》一书的斯捷潘诺夫描述的所闻是，史特塞尔接信后的反应是故作镇定，因为此时还有其他将领在座。这个要塞司令伸出一个拳头，做了一个在俄语中为骂人意思的手势，并吩咐手下说："也不用给日本人写回信了，你们就照我的手形儿画个画儿，寄还给他们！"

史特塞尔其实是向周围的人显示自己强硬，得到劝告便下台阶，让手下告诉日军的军使返回，说现在不可能考虑投降。那张1万日元的支票，却被他留了下来，这个数目在当时相当于一个日本将军4年的工资。

据说，贪婪无耻的史特塞尔夫人从丈夫手中拿到日本人的信封后便拆开，"一面观赏支票，一面说道：'旅顺被围，我又怎能兑到这笔款子呢？'"

在两军生死交锋的战场上，史特塞尔夫妇竟然接受敌人将领送来的支票，还想着如何兑现成钱，这分明是接受日本人的贿赂。至于"供慈善事业所需"，纯属哄不了任何人的谎言！

令人感到奇怪的是，此时史特塞尔的夫人和其他一些军官的太太还留在城内未走。战争爆发后，旅顺还有近三个月时间与俄国通火车，按通行的作战规则早就应该撤走和平时期随军的全部家属。最高长官的太太带头留下，除幻想城市不会被围，重要原因是城内有一些私产需要照料。据战后披露出的消息，原来在旅顺和"达里尼"有的中国大商人既领日本津贴又为俄军将领经营产业，战前就充当了日俄的"双面间谍"，开战后就成为两军将领秘密接触的联络人。

守卫旅顺的俄军最高长官在双方生死激战时竟同敌军有这种暧昧关系，这说明他想为自己留条后路，怎么会有坚强斗志？至于下级官兵的浴血拼杀，只能成为他与敌军讨价还价的筹码。

日军诱降不成，8月19日乃木希典下令投入4万兵力，向旅顺要塞发动攻击。这次主攻的目标是旅顺要塞东面东鸡冠山堡垒群、白银山堡垒群，在西面只以少数兵力牵制。

东鸡冠山堡垒是旅顺要塞最强固的阵地，由俄国技术人员并指挥上千

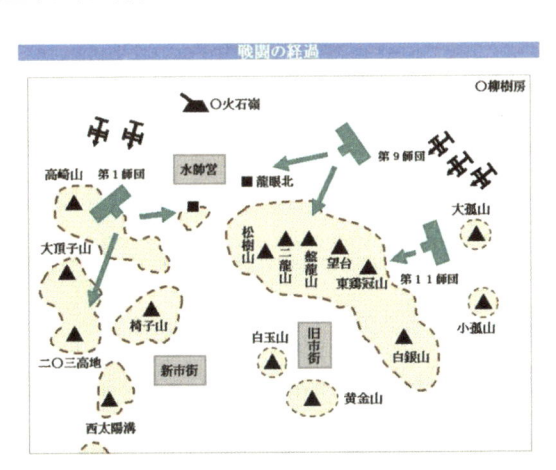

▲
表现日军士兵和卫生兵的画作。在对俄作战时日军服装有一批更换了易于伪装的土黄色。

◀
日本所绘的旅顺防御态势图。

五　打瘫太平洋舰队后日军猛攻旅顺　167

名华工历时四年建成，呈五边形半地穴式，周长496米，面积9900平方米，外壕4000米长。整个堡垒在建设中没用钢筋，全部由0.9米厚的混凝土与鹅卵石浇注而成，上面又覆盖2米多厚的沙袋和泥土，能抗击230毫米以上口径炮弹的轰击，如此坚固的战斗堡垒是日军前所未遇的。

乃木希典刚率军进抵旅顺防御圈外时，曾经骄狂地说十年前打下清军防守的这座城"不是作战，是军事散步"，因为只用了一天时间和40人阵亡的轻微代价。他宣称俄军虽然强一些，这次花费一个月也肯定可以拿下，并向欧美派来的随军记者声称届时将在城内宴请他们。天皇和其他日军头目也相信了乃木的狂言，事实却证明他们还不懂得要塞攻坚之难。

▲
日本宣传乃木希典指挥攻击旅顺的宣传画。

日本的宣传中总强调其强攻旅顺时的勇武，其实最初的进攻是没有经验时的蛮干。20世纪20年代，在陆军大学校任教官的谷寿夫（即后来南京大屠杀的凶犯之一）为挑选出来的极少数学生讲授战史的讲义汇编《机密日俄战史》中就批评道，日方对要塞战术的研究"较之俄方远为幼稚，要塞炮兵科首脑军官仅了解此种程度而已"。

此前日军进攻旅顺、威海，都是在清朝守军崩溃后轻易得手。此番防守旅顺的俄军却有当时世界上最坚固的混凝土筑垒，工事内又装备了大量重机枪、野战炮，外壕边布置了通电的铁丝网。日军的攻城炮虽多于对手，却缺少重炮，且受观测技术限制难以精确打击。绝大部分运到前线的轻便野炮、山炮的炮弹威力又有限，打在俄军混凝土工事上只能留下一个小坑。冲锋的日本兵除了上刺刀的步枪以外没有别的东西，几乎是用血肉之躯对抗子弹风暴。

▲
表现旅顺俄军筑垒守军抗击日军冲击的画作。

8月19日，乃木鲁莽地发动了第一次总攻，日军先发射了几千发炮弹，然后以中队（连）为单位列阵，大喊着"天皇陛下万岁"和"大日本帝国万岁"，采取人贴人、肩靠肩的人海战术进行冲锋。

冲锋前日军的炮击，根本没有摧毁俄军任何主阵地，只是破坏了部分守兵不多的前沿野战工事如堑壕之类。俄国兵看着漫山遍野的日军狂呼乱叫着冲来，一面用重机枪对准人海猛烈扫射，一面用精度不错的莫辛－纳甘步枪点射。马克沁机枪一分钟可以射出600发子弹，两挺马克沁就可以组成交叉火力，像收割麦子一样把冲锋的日军成片扫倒。日军有的中队刚刚跳出战壕冲锋仅十几秒，就全

五 打瘫太平洋舰队后日军猛攻旅顺　169

表现日军发起集团冲锋的画作。

部死伤。

部分日军还是躲过了死神火网，冲到俄国筑垒前，却被铁丝网拦住。有日本兵用带来的铁钳、刺刀想将其砍开，结果因俄国人通了电，马上一个个被烤焦。极少数人从铁丝网炸开的空隙中冲到要塞下，手里的步枪也无法将混凝土工事摧毁，很快又被侧射火力消灭。

此时俄军阵地同后方炮阵地和海军的舰炮位还有电话联系，发现日军冲击后就让本军的舰炮和陆军野战炮向日军冲锋出发地轰击，又造成对方的重大伤亡。

白天的进攻无效，乃木又下令夜间冲锋。据俄军当事者回忆说："在夜晚，一个由活人构成的山崩向我们滚滚而来，从谷地和沟壑中都有日本人冲出来。我方步枪和机枪纷纷发射，探照灯上上下下，使日本兵睁不开眼。他们前进，被打扑倒，跳起来又向前奔，然后再倒下去。"

俄军在要塞防御体系完整的情况下，组织的火网非常严密，黑暗中发现动静就一齐向预定的目标成片射击。日军的"人海"冲击在夜幕下仍然无法冲过这片"火海"，黑暗中不仅触地雷者非常多，冲锋的日本兵又难以保持好队形和实施指挥，不少人因心理恐惧扭头跑回。据日军后来的内部调查发现，有的士兵看到冲锋要走向死路，便故意自伤，以躲避死亡后送医院回国。为防止这一风气蔓延，日军下令自伤者一经发现，就要就地处决。

从8月19日到8月24日，日军对旅顺的第一轮进攻只进行了5天，据自己统计就伤亡了1.58万人，其中至少5000人死亡。投入冲击的4万日本官兵中，已经损失了40%，炮弹几乎耗尽，乃木希典被迫停止这种"万岁攻击"，让部队休整并补充国内送来的新兵。

据俄军统计，同期伤亡只有3500人，主要是在堑壕等野战工事中遭日军的炮火轰击所致，而在各筑垒中的损失很小。对这一战果，俄军感到很满意，在战斗总结中称"围城部队战斗力低下"，"使用的攻城炮威力不强，无法奈何混凝土建筑物"。

这次攻击失败后，日军想把阵亡者拖回自己的阵地，可是只能拖回一部分。到俄军火力控制下的地面去拖尸者，自己也要成为尸体，最后只好让其横躺在俄军阵地前。

过去日军一向重视阵亡者的尸体，要将其拖回己方营区火化，再将骨灰带回国交给家人。日本陆军的构成属于"地域征集制"，即一个师团都在一个县征兵而都是同乡，下面的一个大队、一个中队通常都属同一"町"、同一"目"，士兵在家乡大多是邻居、亲友、同学，战时能相互照顾，有死者也要将其骨灰或头发带回给其家属，还要道歉"没有把他关照好"。

▲
表现向旅顺筑垒攻击的日军遭火力打击损失惨重的画作。

这时让这么多阵亡官兵在敌前长期横尸，不仅严重影响士气，也被日本人视为莫大耻辱。

此次进攻正值暑期，阵地前堆积如山的日军尸体很快腐烂，战地弥漫着浓烈的尸臭，熏得俄军阵地上的人作呕发晕。要塞司令史特塞尔得知官兵都不愿到前沿值班，特此让卫生部门下发浸了樟脑酒精的棉球，让每个人上阵前都在鼻孔中塞上两个，说这样可以"让人健康"。

有战场知识的人大都知道，阵亡者的尸体如不尽快掩埋，会成为可怕的传染病源。旅顺城内的俄军毕竟有较完善的医院、红十字会机构保障，起初患病者还不多。日军处于野战之中，虽然在后方的大连港口设立了医院并调大量医生和女护士前来，因当时日本国内经济条件有限而缺少药品，前线患病者非常多。据后来统计，旅顺围城战中，因病后送入院和回国者的人数超过了战斗伤亡，其中还有几千人病死。

在战争史上，对坚城久攻不下而陷入僵持，对经济实力较弱的一方肯定不利，日本对沙俄开战时恰恰是"穷国的赌博"。于是，日军统帅部想尽一切办法增强攻城力量，同时要求乃木希典要不惜代价，尽快攻下战争中最重要的目标——旅顺。

六

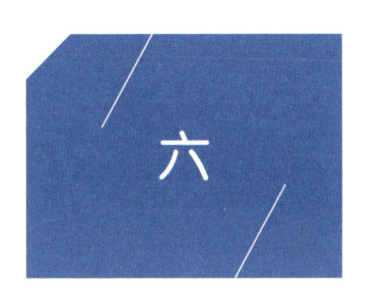

旅顺陷落最终决定了日胜俄败

1904 年秋，沙俄决定派波罗的海舰队去远东，这是舰队启程前举行东正教祝福仪式的情景。

近代战争都是经济实力的比拼，尤其是交战时间一旦拖长就必然对经济力差的一方不利。日俄战争曾一度陷入僵局时，双方都明白"时间就是胜利"。对日本来说，缩短战争时间就是胜利；可是对俄国来说，拖延作战时间就是胜利。

开战后半年即 1904 年秋天，日本陆海军投入了所有力量，俄国在远东只投入少数部队和军舰，并等待欧洲的主力前来增援。日本人惊恐地意识到，若不能赶在俄国由波罗的海舰队改称的"第二太平洋舰队"到达旅顺海面之前就攻下这一港口要塞，俄海军里应外合就可能改变海军力量对比。西伯利亚大铁路又贯通在即，日本人认为再僵持就必然失败，必须尽快求胜。

猛攻旅顺不克后俄军反击，日本已表示愿媾和

1904 年 8 月间，日军在旅顺东鸡冠山炮台前猛攻 5 天未有实质进展却尸横遍野，成为乃木希典和参战日本官兵一生挥之不去的噩梦。俄国军人经过这一段防御，倒开始兴奋地议论，这样打下去"能拖死那些可恶的猴子"。

乃木希典见月内拿下旅顺的计划落空，便决定避开工事最坚固的东鸡冠山一带，以北部的长山为主攻点，同时以一部攻击西线的203高地。

此前，乃木并没有意识到城西北那个以海拔203米命名的制高点是攻占要塞的关键，实在是一个疏忽，说明他指挥水平并不高。事后英国军事史家富勒评价道："我们若记得乃木在1894年曾经有过占领旅顺的经验，那么他在以前不曾注意到203高地实在是奇怪的事，因为他应该知道从这个山顶上可以看到港中的全貌，所以它实在是俄军全部防御体系的总枢纽。"

9月19日，日军开始第二次总攻，炮兵战术也有了改进，着重轰击压制俄军的野战工事，同时掘壕前进并在冲锋时疏散队形，以减少作战伤亡。

为了准确地打击旅顺城内包括炮阵地、军舰在内的各个目标，日军还使用了野战气球。按预想气球升至200米至300米后，吊篮内的观察员就可以鸟瞰全城和整个港口，由此可以很好地校正炮兵的射点，改变此前的"盲打"。

这种以气球帮助炮兵瞄准的方式，是此时世界各国军队

▼
日军重炮发射时用气球和高架观察旅顺城内的弹着点。

俄国军官乘坐探空气球飞临旅顺上空。

中一种先进的方式，不过旅顺城外的日军使用时并不成功。气球升起后目标太大，又非常脆弱，俄军看到后马上向其射击，命中一发就会爆裂，吊篮中的观察员也会极速坠落而丧命。日军又在阵地后较远处升气球，这样受旅顺周围高地遮挡又看不到多数目标。在辽阳、奉天等平坦的原野上，日军和俄军使用气球观测对方军队的行动才有一些成效。

此时俄国为校正射击也装备了气球，在旅顺保卫战中也升空观测，不过同样因距离对方阵地太远而无法观测得精确，只能大致发现对方在哪里集结大队兵力。

战场实际证明，脆弱的气球作为空中观察装备不太可靠，飞机这种高速机动的飞行器才是侦察的好工具。

面对日军第二次攻势，俄军仍以机枪、步枪和后方的炮火拦截，不过在堑壕中遭受猛烈轰击也付出相当的伤亡。面对坚固的防御工事，日军仍无法摧毁，便以散开队形和掘壕作业前进，遭俄军火力打击进展却不大。攻击进行到9月23日，日军付出近6000人的伤亡，只夺取了几处突出的前沿阵地，俄军付出了3000多人的伤亡而守住了主阵地。

乃木希典见再攻击下去依然不会有太多成果，就等待国内的重炮运到，第二次进攻也就此停顿。在旅顺西部203高地进攻的日军数量少，火力也不强，更是没有战果。

这次攻势期间，日军在甲午战争中缴获北洋舰队的"平远"号巡洋舰靠近岸边以舰炮支援陆军进攻，触到了俄军的水雷沉没，这使日舰一时不敢再靠近岸边。

这一时期，俄方在开战后首次取得了战争主导权，也激励了俄国人的斗志。沙皇看到国内对战争的不满情绪，要求满洲军总司令库罗帕特金尽快发动攻势，借以挽回帝国的"荣誉"。

10月2日，在奉天前线的库罗帕特金宣称："如今轮到俄军发动攻势了。"他指挥下的俄军约有19.5万人，而日军则有13.1万人，于是就以辽阳以北的沙河为重点发起了进攻，这场对日开战后的首次进攻战后来被称为"沙河会战"。

▼
日本宣传画中所描绘的沙河会战的骑兵交锋情景。

10月5日，俄军开始出击。攻击部队反复进行侦察，前进速度非常缓慢，反映出其高层的畏惧心理还未消除。10月9日以后，俄军投入大部队发起冲击，早有准备的

六　旅顺陷落最终决定了日胜俄败　177

日军在构筑好的工事中予以迎击。日本方面的炮火稍占优势,又装备了大量机枪,让暴露在野外冲击的俄军受到很大杀伤。

由于俄军数量占有优势,白天攻占了一些阵地,日军利用自己部队有较好夜间训练的长处选择天黑后发起反击。夜战中双方均不使用炮兵,部队以密集队形投入攻击,士兵胳膊挨胳膊。为识别敌友,俄军士兵袖缠白布带,日本兵胸前挂白条。由于黑暗中开枪而难以命中目标,大多数场合夜战形成刺刀白刃战。

▲ 法国画刊表现描绘俄军向日军反击的画作。

日本国内一向崇尚"武士道"式的格斗,小学、中学的男生均有刺杀课,部队也注重拼刺刀的训练,单兵格斗技能远高于俄国兵。不过此时日本男子平均身高不过1.6米左右,俄国男子平均高1.8米以上且更为强壮,俄国的莫辛-纳甘步枪也比日本的"金钩步枪"要长,何况这个人称"战斗民族"的士兵也有强悍之风,在刺杀格斗中日本人也未占到太大便宜。

双方白天拼火力,晚间拼格斗,一直打了6天形成拉锯战。俄军统帅感到难以取胜,就下令撤退,日军因兵力居于劣势也不敢追击。俄军进攻时整体协调能力低下,往往是这处打、那处不打,形不成有效协同。日军反应速度快，能有效协同作战，反映其指挥水平比较高。

10月20日，俄军基本退回原阵地，据统计伤亡4万余人，日军统计其伤亡为2.04万人。据日方回忆录称，在炮兵的射击技术与步炮协同水平上，自己较俄国占有明显优势，这决定了此次作战的胜负。俄军刚上战场的军官、士兵都没有接受足够的训练就仓促投入战斗，不太懂得炮兵与步兵如何协同作战，因此付出了重大伤亡。

▲ 俄国所绘的本国军队向日军反击相互厮杀的油画。

尽管俄军在沙河的进攻战没有成功，在国际上却产生了不小影响，许多人感到俄国人已不像此前那样被动挨打，终于转入了进攻。加上旅顺久攻不下，俄国增援远东的舰队又已出发，此前认为日本必胜的一些国际媒体也转变了腔调，天皇、重臣和战场指挥官也陷入开战后最严重的焦虑之中。

英国和法国看到日俄两军打成僵局。担心德国乘机进攻，而俄国又不能履行盟约来救援，于是表示愿出面调停。作为日本盟友的英国提出的停战方案，是让俄军撤出除旅顺外的全部满洲，并承认朝鲜属日本势力范围。日军自开战以来的内定议和条件是夺取朝鲜

六 旅顺陷落最终决定了日胜俄败　179

和旅顺,并让俄军从满洲撤出,此时也做了一些让步,同意在俄国从满洲撤军后将旅顺留给它,条件是"不设防"。做出这一表态,说明日本要人们已经有些气馁,想在战局可能逆转前收手。

对俄国而言,此时是开战后最好的议和时机,如接受英日的条件,还能在不算战败的情况下停止战争,虽放弃吞并满洲的计划还可保有旅顺、大连。沙皇却仍抱着原来的野心,并自感实力远比日本雄厚,再打下去能有获胜希望,因而不接受议和。

此时美国和德国倒是想让日俄战争持续下去,前者想让交战双方两败俱伤而有利于自己称霸太平洋,后者是想削弱俄国让自己称霸大西洋。为让双方继续战争,德国向沙俄表示愿提供些贷款,美国则同意让日本到其国内再发行些债券。让他国流血以达到自己之利,这就是帝国主义时代列强们的嘴脸!

▲
沙俄的宣传画描绘美国、英国把日本明治天皇推向悬崖。

日俄之战的参战国和赞助国、旁观国的尔虞我诈,勾心斗角,导致了英法的调停努力无果而终,交战双方不到筋疲力尽就不会停下。

280 巨炮参战和 203 高地浴血争夺

日军对旅顺的两次进攻失败后，9月底陆军省下令称："八月二十九日和本月二十一日对旅顺要塞之总攻击未能奏功，死伤颇多，遂决定于采取正面攻击之同时，将箱崎炮台撤去之二十八厘米榴弹炮六门运往大连湾，以之炮击旅顺。"

此时联合舰队司令东乡平八郎得知俄国增援舰队即将起航增援，急于将巡航海上已久的军舰开回国去维修，而进船坞的修理工程至少要耗时三四个月。撤走封锁旅顺的主力日舰，港内的俄舰又可能逃向海参崴。他同乃木希典交换意见后达成一致意见，认为纵然攻不下旅顺，也要"首先破坏敌舰"，为此要夺取一个能看到全港的制高点然后进行重炮轰击。

日本此时能在陆上使用的重炮，主要是号称"大阪宝贝"的 280 毫米口径要塞炮。陆军在 5 月间就拆下了 18 门装船起运，却在"常陆丸"运输船上被俄舰击沉于海底。9 月末，日军将箱崎炮台上的 6 门 280 毫米炮拆下运往旅顺，接着镇海湾要塞装备的该型火炮及

日军用 280 毫米口径重炮轰击的照片。

六　旅顺陷落最终决定了日胜俄败　181

弹药、炮床等也被送往旅顺，相继架设起来，最终有18门炮用于攻城作战。

这种280毫米口径的榴弹炮，射程可达到9100米，炮弹重达249公斤，因飞行中发出特殊的轰鸣而被别称为"火车弹"。俄军阵地上除特别强固的筑垒外，一般碉堡工事被其命中后通常都会炸塌，这使日军攻击要塞的能力有了一个大提升。当第一批280毫米炮弹飞进旅顺要塞后，其怪异的呼啸声和轰炸时的巨响，马上引起俄军惊恐。

▲ 日军所使用的280毫米口径炮的炮弹照片。

俄军要塞的陆地防守司令康特拉琴科少将得到报告，马上率人赶到弹着点查看，测量了弹坑深度，结论是日军在用280毫米口径炮轰击。这个被称守将中最为强硬的人沉思了许久，接着向史特塞尔表示，旅顺恐难守住，询问是否可考虑同日军谈判，以交出要塞为条件将守军从海路全部撤到海参崴。史特塞尔听后也感到惊慌，不过他说沙皇让守军坚持就不能有撤退之议，康特拉琴科随即表示自己将尽力为之。

▼ 俄军旅顺要塞的防守司令康特拉琴科少将，此人被称为防御战的灵魂。

日军虽有了280毫米重炮，数量却不多，又没有足够的弹药，不可能摧毁俄军所有工事。况且当年火炮技术较为落后，精度比较差，日本人只能靠密集炮击反复轰击俄军要塞才能保证摧毁，这又不是一朝一夕能够办到，因而要选好打击重点。

乃木希典此时终于看到了攻克旅顺的一个关

键点，就是西北的203高地。在这个制高点上可看到全城和全港区，就能引导炮兵轰击任何目标。攻下这一高地虽然不等于能占领旅顺，却能消灭港内的舰队。

俄军修筑旅顺筑垒圈时，重点是放在东部，在通行不太方便的西部仅建了几座相隔较远的炮台。5月间金州失守后，俄国人才认识到了203高地的重要性，在山上抢修掩蔽部（因水泥已用完而不很坚固），并在工事前设立了鹿砦、深壕、铁丝网、交通壕等拦阻设施。此地俄军炮兵力量不足，高地仅有4门炮，每门炮也只有近百发炮弹。后方的海军舰炮和陆军要塞炮虽然可以对203高地进行火力支援，却因高地本身的遮蔽，很难打到日军的炮兵和冲击出发阵地，用临时改制成的迫击炮在高地己方一侧也只能以曲射杀伤逼近之敌。

此时俄军仓促制成了一种新式步兵武器——手榴弹。其实中国的明代就出现了用手抛掷的爆炸物，欧洲在18世纪末也有了专门用投掷爆炸弹的掷弹兵，后来因步枪性能提高而被取消。俄军守卫旅顺各高地时，感到在居高临下时使用手掷的炸弹可以有效杀伤进攻

▲
日军在旅顺城外装配好280毫米口径重炮的历史照片。

六　旅顺陷落最终决定了日胜俄败　183

之敌，于是把已经发射过的47毫米口径炮的弹壳装上炸药、引信和拉火绳，制成现代手榴弹。在守卫203高地时，这种制作简便的爆炸性武器从高处投下，给日军造成不小的杀伤，使步兵有了一种作战利器。看到这一战例后，世界各国的地面作战部队也纷纷生产和装备手榴弹。

▲
旅顺城西北的203高地是全城制高点示意图。

203高地的山顶长不足250米、宽仅30米，守山的俄军不过一个团2000余人（后来又不断增派守兵）。为夺取这一块地方，日军出动2个师团，兵力达3万余人，使用大小火炮60余门，其中包括280毫米重炮。

10月30日至11月2日，日军的第三次总攻以203高地为主要目标展开，由于没有实施有效火力压制，280毫米炮弹也没有完全摧毁俄军工事，结果日军每次冲击都受到机枪、步枪和手榴弹的猛烈打击，在山下遗尸累累毫无进展。

乃木希典见此情景，决定依照日本战国时期拼死的办法，置士兵于绝地而后生。因一线部队损失太大，他从包括卫生队在内的后方人员中凑数，才组织了3000多人的敢死队。这些队员右臂缠上白布作标志，背后打着十字，乃木在水师营东北一个高地亲自接见队员，

日军敢死队出发前的照片，他们上身挂着白布叉带。

并提出严厉要求："不期生还，决死战斗；临阵脱逃，斩杀不赦。"

在乃木亲自督战下，伴随着声嘶力竭的"万岁"呼声，日军列成"猪突"式密集队形向山上冲去。从军事角度看，在对方机枪扫射的情况下这是愚蠢的打法，不过日军此举也有不便明示的含义，那就是士兵排列前进，后排兵的刺刀顶着前兵的背后，只能前进无法后退。若是让进攻者形成散兵队形，就会有很多人面对猛烈的火力畏缩不前。

后来日本军队在关键时刻也搞"猪突"，目的同样是逼着士兵充当炮灰，只能进不能退。

这次3000人的敢死队大冲锋，面对俄军密集火力仍是全部被打倒，入夜后活着爬回来的不到一半且都是身上带伤。高地北坡很多地方都被日军尸体覆盖，根本看不到地面，且血肉模糊惨不忍睹。

六　旅顺陷落最终决定了日胜俄败　185

有一种说法是幸亏天气已经寒冷，尸体没有腐烂，否则日军未能冲上山就会被尸臭熏倒。

此时日本青年虽然受军国主义思想煽动，却不可能是其宣传机构吹嘘的"超人"，绝大多数人也留恋生活，只是逼到这一步无法后退。有的敢死队员出发时就当面向乃木发出怨气说："反正我们是消耗品，命不值钱。"

参加过此战的一些日本老兵后来也揭露说，有的士兵被战地恐怖场面吓得精神失常，有的在阵前因恐惧而自杀，有的不顾军纪痛骂长官不顾他们死活。所以说日本兵都不怕死纯属夸张，有时候明知要死也要冲锋只是被逼无奈。

▲ 俄国所绘的旅顺高地争夺战油画。

11月27日早晨，日军开始新一轮攻击。在重炮轰击下，刚到达旅顺的第7师团投入对203高地的冲锋，仍是一片片倒下。此时的乃木希典如同红了眼的赌徒，在山下挥舞着指挥刀不断嚎叫："冲啊！俄国人死一个少一个，我们死多少都能补充！"

这个死亡的魔咒，很快就降临到乃木自己的儿子身上。11月30日，当日军攻山陷入僵局时，身为传令副官的乃木保典到203高地下传达指示，正好一发俄军炮弹落在他身边。军医闻讯赶到时，发

现这个年轻少尉已是头颅破裂，脑浆四溢，死状很惨。

次子阵亡的消息传到已移至203高地北面不远处的第3军司令部，乃木希典真如同发了疯一般，口里喊着"三典同葬"（他们父子三人的名最后都是一个"典"字），手持军刀冲了出来。他集合刚调来的两个大队，命令他们列好队，自己要在前面带头进行自杀式冲锋。

此时，满洲军参谋长儿玉源太郎正好从辽阳赶来，进入第3军司令部的院子。在前一段时间内，国内谩骂和抱怨乃木攻城不下反而造成巨大伤亡的声浪日益高涨，有些军界头目主张将其解职。天皇知道此人自尊心极强，此时下撤职令，可能会让他羞愧自杀，于是让儿玉源太郎来"帮助"。据当事人回忆，儿玉一进院就看到乃木的疯狂模样，喊他站住也不听，只好给了他一记耳光。

乃木希典被这一耳光打醒，才停下来。儿玉源太郎接着做了一番"劝慰"，说司令官不应带队冲锋，并让他暂时休息冷静一下，自己接替进行指挥。后来日本方面为树立"军神"形象，将攻下203

▲
203高地前日军尸横遍野的历史照片。

六　旅顺陷落最终决定了日胜俄败　187

高地的功劳归于乃木希典，其实主要功臣是儿玉源太郎，若无他制止乃木早就会实现"三典同葬"。

儿玉源太郎既毒辣又老练，日本人曾称他是"再世的丰臣秀吉"。此人仔细研究了前一段的经验教训，认为日军冲锋时实施炮击，俄军在战壕中只留少数警戒兵员损失不大。待日本步兵冲到山顶前炮火会停止，在掩蔽部里的多数俄军就跃出来进入战壕，靠步机枪、手榴弹就能压倒冲锋者。于是，儿玉决定在冲击时炮要始终轰击，日本兵冲上山时也不要停。

在"后退者格杀勿论"的逼迫下，日军步兵无可奈何地冒着己方炮弹冲锋，弹雨中的幸存者终于上到了山顶。此时掩蔽部里的俄军发现敌人已冲到近前，不得不冲出来用步枪和刺刀迎击，结果纷纷同身边的日军一起被炸飞。事后估计，此番日本炮弹炸死的自己人比俄军还多，不过山顶上经恶战后只剩一个俄国人幸存被俘，日军的后续部队涌上来占领了高地。

12月5日傍晚，经一个多月的"尸山血海"的

▼
法国画刊所绘的俄军军官在筑垒上同日军做最后战斗的场面。

进攻，日军终于拿下了决定旅顺之战命运的203高地。为攻下这小小的山头，日军共发射炮弹1.1万发，其中280毫米重炮弹2254发，付出伤亡1.7万人（其中死亡超过5000人）。

日本浮世绘所画的攻击203高地的场面。

俄军在这一高地伤亡4000余人，山顶失守后还投入军舰上的水兵实施夜间反冲锋。那些过去擅长操舵盘和舰炮的人，同日本人在黑暗中拼起了刺刀，最后因兵力少和不擅长格斗而败下山来。

日俄战争结束后，乃木希典为纪念203高地的战死者包括自己的儿子，在山顶建造了一座高10.3米的纪念碑，形似日式步枪子弹，碑体是由山上搜集的炮弹皮、废旧武器冶炼铸成。为祭祀死者，经乃木提议，这个高地被日本人称为"尔灵山"。他还手书碑铭并赋诗一首：

尔灵山险岂难攀，男子功名期克难。铁血履山山形改，万人齐仰尔灵山。

苏军占领旅顺后，对这一纪念碑并未拆毁，中国方面接收当地后也将此碑保存至今而作为侵略者的罪证。

六　旅顺陷落最终决定了日胜俄败

俄舰队被击沉于港内，陆上守军随之投降

1904年12月5日傍晚，日本军官踏上满是士兵尸体的203高地，就急不可待地在山顶设置了炮兵观测所，天色转黑前就引导山下的280毫米重炮，在避开史特塞尔等高官的私宅的同时炮击旅顺城内要点和停泊在军港内的战舰。12月6日白天，由于有观察员用电话通知校正弹着点，日本的炮兵如同打靶一样逐个对俄舰"点名枪毙"式地加以摧毁。

1904年12月6日午后2时后，日军280毫米口径炮轰击旅顺港内俄舰，图为中弹的俄国军舰。

在持续四天的炮击中，俄军停在港内的军舰几乎都中炮沉没或受到重创而无法开动。作为日军头号目标的俄国战列舰"波尔塔瓦""列特维尊""佩列斯维特""胜利"号和巡洋舰"帕拉达"号、"巴扬"号等舰都被击中，或沉没或舰身倾斜搁浅在岸边。战列舰"塞瓦斯托波尔"号不甘心束手待毙，集合水兵上舰后驶向港口外，

俄国的战列舰"塞瓦斯托波尔"号面对炮击想突围未成，最后自行炸毁。

试图冲到外海，结果被负责封锁的日本舰队拦截，中炮累累后退回港内也失去战斗力。

此次炮击，让俄国太平洋舰队最后覆没于日本陆军的炮口下，旅顺也丧失了海军基地的作用。12月20日，联合舰队司令东乡平八郎会见了乃木希典表示感谢。次日他报告大本营，"旅顺封锁作战已经告终"，联合舰队可以开回本国维修，有足够时间准备接下来的大海战。

203高地失守和港内舰队覆没后，史特塞尔召集将领们召开会议研究下一步对策。开会后，他本人大讲形势接近绝望，傅克中将等人也垂头丧气，明显想放弃抵抗，康特拉琴科少将却态度坚定。此时传来一个有利消息，被俄国雇佣的一艘名为"旅顺皇后"号的英国轮船通过日军封锁的漏洞，停靠到旅顺西边未设码头的羊头湾，运到2000余吨粮食，这能让守军吃到1905年5月。康特拉琴科少将还兴奋地说，这样的运输方式如能持续，弹药也可以得到补充，而攻城的日军却是缺弹少粮且疲惫不堪。

此时日本海军对旅顺的海上封锁有所松懈，主要是联合舰队的主力舰只纷纷开回国内维修，留下担负巡逻监视的多是二等军舰或老旧的军舰。如北洋海军在威海投降被俘的"济远"号巡洋舰此时被日军用于监视旅顺港西的羊头湾一带，结果触中俄军的水雷沉没。

日本舰队在对俄作战中遭受的损失基本来自水雷，这一阴影使日舰不大敢接近靠岸的海域，而距旅顺20至30公里外的渤海出口又是各国船只往返频繁的国际航道，日舰不敢随便拦截在那里航行的中立国船只，尤其对盟友英国的船要更客气。俄方正是看到这一点，就不惜以远超过常价许多倍的价格收买英国个别商船船长，让他们不顾本国的援日政策而为自己服务。接受收买的英船航行到旅顺附近后，看到无日舰巡逻，就到羊头湾靠岸，纵然搁浅弃船，其损失也由俄国加倍包赔。

"有钱能使鬼推磨"是中国人的老话，"金钱能打破任何封锁"是西方的名言。日俄战争中旅顺封锁战中，双方都以利诱手段打穿过对方的陆地和海上防线，这也是唯利是图的资本主义列强进行战争时不可避免的现象。

史特塞尔见有船只运粮到来，康特拉琴科又认为完全可以打下去，同时得知俄国东航的舰队已经到达东非海面，按正常航速两个月内可到旅顺，于是决定继续防守。

此时阻碍旅顺俄军投降的两大障碍，一是激励守军坚持作战的康特拉琴科，二是东部的鸡冠山堡垒。12月15日，康特拉琴科到前沿为俄军有功人员战场授勋，日方间谍将此事报告了回去。举行授勋仪式时,掩蔽部突然遭受日军280毫米重炮的猛烈轰击,康特拉琴科等人在炮弹打穿掩体后被炸死。

康特拉琴科阵亡后,旅顺城内举行隆重的哀悼会。日军方面也送来花圈,上书"旅顺口保卫战的灵魂康特拉琴科将军千古"。日本人此话确实说出实情,他们明白俄军失去这个"灵魂"后,攻占要塞就指日可待了。

日军拍摄的东鸡冠山堡垒大爆炸的照片。

东鸡冠山堡垒是俄军在旅顺最坚固的阵地,它屹立不动,就会让守军最高头目没有借口下令投降。日军用280毫米重炮轰击也不能摧毁那里的混凝土工事,便以工兵在东鸡冠山的北堡垒正下方挖掘坑道,直通到其主垒底部的要害位置。12月18日,日本工兵埋设好成吨炸药后,旅顺全城的人突然都听到一声巨响,东面的鸡冠山堡垒被腾起的浓烟所笼罩,守卫者大都被炸死和震晕,日军随后又从炸开的大洞冲入。

六 旅顺陷落最终决定了日胜俄败

俄军下级官兵在这一危亡时刻，还是表现出凶悍作风，他们在残破的工事内继续抵抗，用刺刀同日军搏斗，战斗到最后。据统计，当天日军损失800余人，俄军损失300余人。

鸡冠山堡垒失守后，旅顺东部防线只剩一个二龙山堡垒支撑。那里的地质构造是岩床，日军挖掘坑道非常艰难。不过在280毫米重炮的不断轰击下，日军工兵还采取掘进作业，到12月28日以爆破同炮击相结合攻下这座堡垒。

12月29日，史特塞尔又召集将领开会，正式讨论是否投降，到会者多数还主张坚持。12月31日，日军又以工兵挖掘和爆破的方式，摧毁了俄军称为"松树山"的堡垒，当地俄国守军意志崩溃后逃。至此，旅顺城外除几个不高的小山包，已没有坚固工整和险要地形可守，不过退到城边缘的俄军仍在继续战斗。

▼
1905年1月22日，法国《小巴黎人报》头版刊登的新闻画：俄国旅顺要塞司令官史特塞尔中将在投降书上签字。

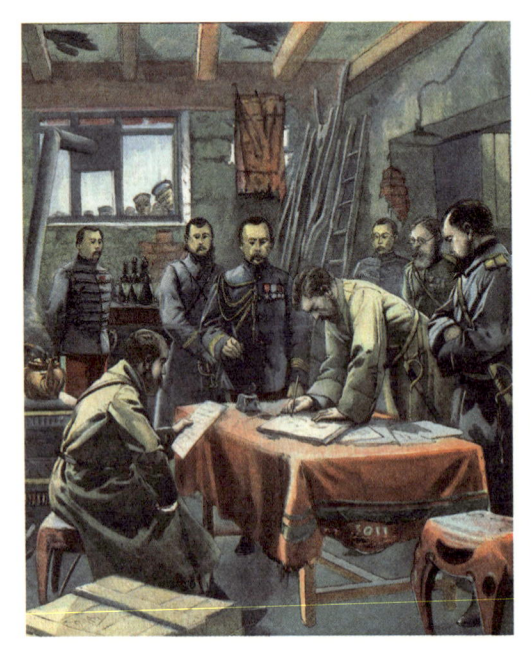

1905年1月1日，这个元旦之日的旅顺城内一片沮丧之气。当天史特塞尔又召集将军们开会，除炮兵少将拿吉安等个别人外，大家都认为已等不到外部救援，城内人员因缺乏蔬菜而大批出现坏血病，再战就是死路一条。史特塞尔最后决定，向日军派出军使请求投降。1月2日下午，俄军参谋长在原清朝北洋水师营的农舍同日本第3军参谋长一起签署了旅顺俄军投降书，战斗至此宣布停止。

旅顺俄军此时是否真不能再战呢？从数字上看，被围时要塞内陆海军有 4.7 万人，约 2000 人从海上突围，留下 4.5 万人。在旅顺防御战结束时，俄军阵亡和伤病死亡达到 1.2 万人，还有 2 万人躺在医院或救护所内，最后剩下能战斗的士兵有 1.3 万人。

苏联时代的战史对旅顺作战最后结局的结论是——"这次投降是史特塞尔及其幕僚的叛变行为，守卫旅顺要塞的士兵并没有投降的打算。如果拿出战至最后一兵一卒的勇气，还是可以继续作战的。无论弹药还是粮食，也都还有富余。"

从旅顺要塞剩下的战斗人员和粮弹看，若有奋战到底的精神，自然可以打下去。不过，史特塞尔等俄军高级将领根本没有牺牲个人"战至最后一兵一卒"的勇气，此前打仗时还在照顾私财和接受日本人的贿赂。这时他们见失败形势已定，就要在军队还有战斗力的情况下同日军讨价还价，可耻地达成了有条件投降，造成苏联历史书上指责的"叛变行为"。

俄要塞司令与敌讲"友谊"而被本国判刑

1905 年 1 月 2 日，旅顺投降协定签订的消息传出，城内俄军马上大乱，因为这是一个保全军官特别是高官的生命财产而出卖下层士兵的协议，正表现出沙皇俄国的阶级压迫和等级歧视。

旅顺投降协议的主要内容是，俄国军官不当俘虏并可带私人财物和随身军刀、短枪马上返国，旅顺的俄国居民也可以同行。守城的俄国士兵却要成为战俘，并到日本进行劳役。

签约时日军又要求，俄军的武器和其他设备要完整无损地交给自己，不能破坏，否则就不会履行对其军官优待的政策。

按照西方通行的作战要求，军队丧失战斗能力时可以投降以保全官兵性命，不过必须破坏武器和焚烧粮食等物资以防被敌人利用危害本国。史特塞尔等将领为保全个人生命财物，竟然同意将要塞中还剩下的几万发炮弹、大量子弹和可吃半年的存粮交给日军，枪炮和剩余的舰艇也不破坏。对那些士兵的命运，史特塞尔等人漠不关心。

▲ 描绘旅顺俄军投降的画作。

旅顺城内有的俄军将领对史特塞尔此举表示气愤，如炮兵部队的拿吉安少将就宣布，不接受日军的优待，要同士兵共命运一起去日本当俘虏，另有少数军官也选择了同样的决定。日本此时正努力争取议和，对旅顺的被俘俄军不便虐待，将他们押到日本做了几个月工，达成媾和条约后就予以遣返。

听到投降书签订后，俄军多数军官为保住性命而感到庆幸，士兵们却是一片哗然，不少人大喊："现在都成俘虏了，没有士兵也没有军官了！"一些人持枪去抢劫军中酒窖，喝醉后到处闹事。史特塞尔害怕下属攻击自己，竟请求日军派一个中队来保护私宅。这批日军跑步进入市区，见到酗酒闹事的俄国兵便就地枪决，然后在俄军司令官住宅的门外布置了警戒。

196 | 铁|血|旅|顺|湾|

俄国的要塞最高长官最后要靠敌军来保护自己，也是战史上的奇观。这样的上层人物，怎能不引起本国士兵和下层人民的痛恨？

降约规定不得破坏武器的消息公布后，要塞内俄国陆海军官兵气愤不已。一些人纷纷议论说："把这些武器交给日本人，不是要用来打我们的满洲军吗？"少数人不顾史特塞尔的命令，还是爆炸了几个弹药仓库，城内就此传来隆隆巨响。港内仅存的一艘受伤累累却还未沉没的战列舰"塞瓦斯托波尔"号被水兵自行炸毁沉没（后来打捞也无修复价值），几艘鱼雷艇利用混乱在夜间开出港内直奔烟台，在那里被扣押并解除了武器。

旅顺城内的多数武器，还是落到日军之手。日本海军和国内船舶人员又迅速赶到港内，打捞并修复沉没、半沉没和搁浅的俄舰。过去的一些俄国名舰，很快有了以下日本名字：战列舰"波尔塔瓦"号，被日军打捞修复后改名"丹后"号；战列舰"列特维赞"号，被日军打捞修复后改名"肥前"号；战列舰"胜利"号，被日军打捞修复后改名"周防"号；战列舰"佩列斯维特"号，被日军打捞修复改名"相模"号；巡洋舰"帕拉达"号，被日军打捞修复后改名"津轻"号；巡洋舰"巴扬"号，被日军打捞修复后改名"阿苏"号。

按照世界上海军作战的常例，胜利一方的军舰往往也要受到相当的损

旅顺口港内被击中半沉的俄舰照片。

六　旅顺陷落最终决定了日胜俄败　197

日军攻占旅顺口的历史照片，他们马上着手打捞俄舰加以修复归己用。

失。日本虽然在对俄作战中因触雷损失了 2 艘战列舰和几艘巡洋舰、炮舰，缴获的军舰却更多，联合舰队在整体上越打越多。

这次缴获甚丰，加上十年前的威海之战也俘虏到北洋舰队 11 艘降舰的先例，使日本海军产生了一种狂妄的信念——联合舰队打仗只能赚不会赔，结果后来到了太平洋战争中倒是赔了个干净。

日本陆军对旅顺持续近半年的围攻，付出的代价却不小。据日方统计，战斗伤亡总计 5.9 万人，其中战死 1.7 万人。加上卫生医疗水平低和物资保障不足，围城日军病倒后送者超过 6 万人，又有 5000 余名伤病人员死在战地。后来日本在旅顺"慰灵"仪式祭悼的本国死亡军人为 2.2 万人。

攻占旅顺后，日军还有一项重要的缴获就是无线电收发报机。1895 年，意大利人马可尼和俄国人波波夫都发明了无线电通信技术，英法等国迅速将其用于军事，并组建了装备电台的通信部队。沙俄也于 1903 年成立了彼得堡电报学校，因考虑到女性心思细密而特别招收女学员，一年后毕业授予少尉军衔。此时日俄战争爆发，第一批 80 名女电报员全被派往远东，其中一个班到旅顺，使用德意等国进口的电报机。其实这批女军官到了战场不仅仅是收发电报，还要陪高官们吃喝玩乐。

此时日军虽然也引进了无线电技术，却不如俄国先进。据日军接受旅顺投降的人回忆，有一些金发碧眼的年轻俄国美女在白旗引导下走来，军服严整且皮靴擦得油亮，身配手枪，显然是女军人。按照降约她们属于军官可不当俘虏，马上予以遣返，不过多台电报机被完整缴获，随后日军也模仿俄军建立成建制的电报通信部队。

日军接管旅顺后，双方将领还相约举行了一次会见仪式。1905年1月5日，乃木希典及参谋长伊地知等人同史特塞尔及其参谋长雷伊斯等人在北洋水师营的农舍内相见并谈话。

以日本记载和俄军参加者回忆相对照，这次著名的"水师营会面"的过程是这样的：

史特塞尔和部属佩带可保留的军刀进入指定农舍，比约定早了15分钟。乃木希典故意拿起胜利者的架子，比约定晚到了30分钟。

两人见面后，首先貌似诚恳地相互问候，接着坐下来边吃边谈。史特塞尔称赞日军的勇武，并对乃木希典的两个儿子阵亡表示哀悼。乃木则说俄军防御的顽强在战史上罕见，值得敬佩。接着，乃木希典请史特塞尔谈一下自己对日军为何能攻下旅顺的看法，这也是他总结经验时最想听到的。

那个俄军司令根据切身体会，马上讲了感触最深的三个原因：

一是精湛的炮术；

二是优秀的土工作业；

三是有280毫米口径巨炮。

▲
表现俄军女兵的画作，在旅顺城内的女军人主要是电台的女军官。

六　旅顺陷落最终决定了日胜俄败

史特塞尔在水师营会见时受乃木希典招待的画面。

史特塞尔可能不知道乃木的忌讳，又坦率地说道，至于那种组织士兵以密集队形进行的"万岁冲锋"，除增加伤亡外实在没有太大的作用。

从战场实际情况看，史特塞尔的话有些道理，当然他不可能谈到促成日方成功的另一个重要原因是俄军指挥官怯懦和作战思想保守。乃木听了这番意见，只说值得重视，显然他同意对手认为"万岁冲锋"是愚蠢行动的看法。

为了让日军更善待自己，史特塞尔将自己的白马送给乃木希典，乃木说不敢擅留而要献给天皇，估计随后会赐给自己，那时我一定像你那样善待它，并修一个最好的马厩。后来日本媒体大肆宣传那匹"史特塞尔马"，以显示乃木的"仁德"和双方司令官的"友情"。

乃木希典崇尚"武士道"精神，不可能看得起史特塞尔这种可耻的降将。日军进入旅顺后，史特塞尔夫妇在日本兵站岗守卫的自家豪宅中设宴招待日军指挥官，乃木受邀却不肯出席，只让手下的军官作为代表前往。

出于政治宣传目的，日俄战争结束后许多年内，日本一直大肆鼓吹乃木希典与史特塞尔的"友谊"。直至1945年1月2日，日军在旅顺口举行攻陷要塞40年纪念阅兵式时，驻军司令太田将军发表讲话时还称，单靠武士道精神还不足以攻陷旅顺口，还必须依赖于乃木将军与史特塞尔的私人关系!

在两军生死搏杀的战场，双方统帅讲友情岂不是咄咄怪事？什么"友谊"，什么"私人关系"，说穿了就是日本当局实施诱惑的手段。明眼人都知道，"对敌人的仁慈就是对自己的残忍"。交战的军队对投降者、被俘者自然应该讲人道，可是对战场上的敌人讲情谊，为个人私利而损害国家利益，从轻里讲是严重丧失政治立场，从重而论则属于里通外国。

旅顺俄军投降时，史特塞尔将自己的白马献给乃木希典，日本人对此大肆宣扬，这是那匹马的照片。

后来日军在侵华战争中，一面对中国下层军民残暴杀戮，一面也对中国将领施展"亲善"手段，同样是以表面温情来实施引诱。谁要是接受这一套，就可能走上当汉奸之路。

旅顺投降后，史特塞尔在俄国人眼中就是一个贪生怕死之徒，是出卖国家利益和军队的叛国分子。他和其他投降的高级军官们通过中立国返回国内，马上引来要求严惩的呼声，沙皇也下令将史特塞尔、傅克、斯米诺夫等几个将军拘捕起来。

战争结束后，俄国内部追究旅顺口投降责任的要求更为强烈，军事法庭从1906年2月起开始调查旅顺口投降案件。经过一年多的审理，几个要塞内的将军把投降责任都推给当时旅顺口的最高长官。1907年11月，法庭宣布史特塞尔的罪行——"先是隐匿上级命令，拒不交出指挥权，最后又主导投降，给俄国造成了无可挽回的损失"，因此判处死刑。

至于参与了投降决定的傅克等将军，法庭都宣布无罪释放。

沙俄政坛和军界一向官官相护，沙皇也不愿暴露许多丑闻，因此法庭对史特塞尔的贪腐行为都未涉及，也不揭露其收受日本贿赂的严重问题。宣判后不久，法庭在一些要人说情下，又恳请沙皇赦免史特塞尔，理由是"在强大优势之敌海陆合围之下，旅顺口经受了战史上空前的防御战，其要塞捍卫者的勇敢精神诚使举世惊奇"！

此时国内刚经历了革命风暴，沙俄政权显得风雨飘摇。沙皇便想掩饰俄军的弊病，企图把旅顺要塞的可耻投降描绘成英勇作战行为，因此也不想追究其指挥官，同意将史特塞尔的死刑改为10年监禁。一年半后，这个在监狱中受优待的高级犯人就因"健康原因"被释放，回到自己靠劫掠和贪腐之钱买来的庄园内安度晚年。1915年史特塞尔病死，日本许多军界头目还发来唁电。让敌人如此称赞和欣赏的降将会是什么货色，这不是一目了然吗？

沙皇不愿追究和惩办对本国造成巨大危害的贪腐通敌的高级军官，为粉饰已经腐朽的政治军事机器不敢正视内部弊端，说明这一政权已经完全失去自我修补能力。不揭露和纠正自身的错谬，肯定会出更大的错谬，沙俄的军事机器在1914年爆发的第一次世界大战中自然就表现出更多的弊病，并最后走向崩溃。

▼
法国画刊描绘旅顺俄军向日军投降的场面，乃木同史特塞尔握手。

七

对马海战惨败
迫使沙皇认输议和

1905年元旦之后,旅顺要塞投降的消息在世界上传开,俄国首都圣彼得堡马上掀起了反对沙皇和要求停止战争的游行请愿。请愿队伍在沙皇的冬宫广场上遭军队开枪镇压,这个"流血的星期日"惨剧导致上千人伤亡。沙皇尼古拉二世面对内外交困,仍想通过一场军事胜利来树立威信,因而命令向中国东北增兵以赢得陆战胜利,并要求已停在东非海岸准备返航的海军舰队继续驶向远东。这就如同一个赌徒最后要孤注一掷,直到输光赌本后才收手。

▲
表现1905年冬宫前"流血的星期日"的画作。当时俄国民众因日俄战争对政府不满前去请愿,遭到沙皇军队开枪镇压。

日军打赢奉天会战却因力竭陷入僵局

进入1905年,西伯利亚铁路在贝加尔湖地段的"瓶颈"虽然名义上打通,很多地段的临时线路通行能力还很差,入冬后在冰上铺了一条临时轨道而基本连通了东西两段,只是严寒期铁路修护困难使运量未能大增。此时在奉天前线的俄军总兵力增至33万人,有火炮 1266 门。对面的日军尚不到 20 万，御寒装备也不足，库罗帕特金决定乘旅顺的日本第 3 军北上之前，于 1 月中旬再发动一场进攻。

1904 年入冬后西伯利亚铁路在贝加尔湖的冰上铺了一条临时轨道，基本连通了东西两段。

俄军一直按寒区标准配备服装，加上国家财力比较雄厚，官兵入冬后基本都能发皮衣，每人有一双高筒皮靴。其中军官的皮衣毛质属上乘，皮靴的皮质也更好。日本经济实力还远比不上沙俄，虽然以举国之力发展军力，军费却主要用来买军舰等装备，军需用品还是尽量因陋就简。例如对俄战争的 1902 年在北海道训练寒区作战出现的"八甲田山事件"，竟然有 199 个日本兵在行军中被冻死，主要原因是他们雪地还穿着茅草扎的高帮鞋。

对俄作战时，日军士兵的裤的标配是扎白布条，打绑腿，只有高级军官才穿得上高筒皮靴。日军精锐的骑兵部队在入冬后也是打着绑腿，同穿着高筒马靴的哥萨克骑兵作战。战场上日军见到战死的俄国士兵，往往会一拥而上争抢他们脚上的长筒靴，有的士兵还为争抢一双皮靴而大打出手。

入冬后，在沙河作战的日军第 5 师团因冬装不能御寒陷入困境。该师团的一名士兵在日记中这样记载：

"辽阳前线，天气非常冷，脚上的绑腿根本不能御寒，右脚的

七　对马海战惨败迫使沙皇认输议和　205

脚趾已经冻掉两个，寻找御寒之物已成万急之需。15日，攻下一俄军地堡，突入其中，见两名长相清秀的俄国兵正端坐在电报机前滴滴滴地发报，叽里呱啦地似乎正在呼叫救援。见到我们拿着枪指着她们，吓得大叫。原来是两名女通信兵，穿着跟男兵一样的军服，因为戴着毛子特有的军帽，一时还看不出来。我们缴了她们的械，命令她们脱下脚上的皮靴，她们吓得要死，只能服从。我和另一名士兵赶忙穿上，还热热的，只是这靴子是女兵的，稍显挤脚，但在这冰天雪地里，已经不错了。"

日军在严寒中冻伤减员很多，加上人数不足，面对俄军又一次大规模攻势，仍是拼死抵抗，而且此时日军装配的机枪数量已多于俄军，以猛烈的扫射能把冲锋的哥萨克骑兵打得尸横遍野。1月26日至28日，日本第8师团立见尚文部子弹全部打光，被迫以几千人同时端枪同俄军拼刺刀，进行了一场近代世界战史上最大的白刃战。

▲
日俄战争时日军士兵的裤的标配是布绑腿，只有军官和少数骑兵才穿得上高筒皮靴。

在这一白刃相拼的关键时刻，俄军士兵暴露出勇气不足的弱点，人数虽然占有优势却有许多人向后逃跑。指挥官见势只好下达撤退命令，让弹药已尽的日军渡过了一次最大危机。

2月中旬之前，乃木希典指挥的第3军从刚攻占的旅顺调到辽阳前线以东，大山岩和儿玉源太郎指挥下的日军达到了 25 万人，成为开战之来集结的最大集团。对面的俄军有 32 万人，火炮也略多于日军，其后方还源源不断地运来兵员和装备。日本将领自知本国的供应能力和物资储备远不如俄军，认为越拖越不利，兵力虽少也要尽快发动进攻以打败俄军。

▲ 奉天会战期间俄军骑兵虽发起了一些冲击，面对日军机枪也难以奏效。

为分散俄军的力量，日军佯动并通过间谍向俄方散布假情报，称乃木所率的第三军正在向海参崴方向调动准备登陆，又说骑兵第一旅团正准备向俄军哈尔滨至四平的后方交通线发动破袭。情报战能力远比日军差的俄军果然中计，库罗帕特金将正从国内调来的 5 万预备队投入后方铁路的守备而未调到前线，俄境内也集中一部分兵力去

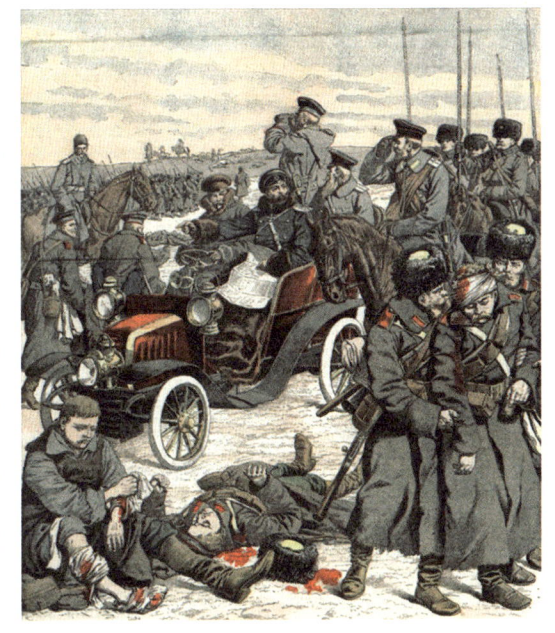

◀ 法国画刊所绘的俄国满洲军司令库罗帕特金在前线指挥的画面。

七　对马海战惨败迫使沙皇认输议和　207

海参崴附近而不能增援满洲军。

2月27日，日军在绵延约100公里的战线上发起进攻，重点是两翼突破，向以奉天为中心的俄军形成侧后包围之势。库罗帕特金又犯了过去会战中所犯的错误，战前分兵防御，遇进攻到处阻击，部队来回调动疲于奔命。战争中的这种只守不攻的消极防御，即使兵力多也会陷入被动挨打。

▲
日俄两军在奉天会战时也进行了一些骑兵交锋。

第一线俄军开始抵抗比较顽强，给日军造成了不小伤亡，不过两侧还是被日军突破。在抚顺方向，俄军向突入防线的日本第三军进行反击并一度占据优势。此时乃木手下的部队因在旅顺攻城战时损失太重，补充的多是新兵和年龄大的预备役士兵，战斗力大幅下降。其中由东京兵组成的第一师团竟然在俄军的冲击下出现了无秩序溃逃，乃木希典气急败坏，靠着枪毙后退者才勉强让部队停下来组织防御，抚顺方向的战斗一时处于僵局。

在俄军西部的日军迂回却取得成功，3月9日接近奉天至四平的铁路线。当天夜间，库罗帕特金因害怕后路被切断遭包围，下令向铁岭撤退。其实俄军在前一段战斗中伤亡比日军少，此时兵力优势更大，不大可能被数量少、装备也不占优势的对手包围。不过俄国官兵普遍缺乏顽强战斗的意志，一听到撤退命令就慌忙向后逃。

描绘日军攻入奉天而俄军狼狈败退的画作。

3月9日深夜，奉天及其附近的俄军出现了一幅混乱的情景，刚调来还未参加会战的骑兵先策马奔逃，步兵和炮兵在无组织的情况下后退，辎重堵塞了道路。对无法搬运的物资，俄军又点火焚烧，火光引来日军追击。天亮后，俄军后卫掩护部队被追上来的日军截断包围，因无心战斗有2万余人放下武器就俘。

3月10日，日军进入奉天城，留在城内声称"中立"的清朝盛京将军还出来迎接大山岩等日本将领。进城的日军首先抢掠妇女，一些旗人贵族的眷属也惨遭毒手。清军将领前往交涉时，日军将领的回答竟然是："如果不是我们赶走俄国人，你们的疆土就已经沦陷，

▲
日本所绘的大山岩进入奉天城的宣传画，画中还表现了清朝的将军前来欢迎。

难道还不该慰劳我们吗？"

俄军北撤后，在四平附近组织新防线，日军因损失重大也无力追击，奉天会战就此结束。此役日军伤亡7.1万人，俄军除伤亡5.9万人外还有2万多人沦为俘虏。从伤亡数字看，俄国士兵的战斗力并不比日本人差，只是因战斗意志差而撤退。

日军的奉天之战，作战伤亡达到投入兵力的近30%，只能算是"惨胜"。此战却是日本投入兵力最多的空前规模的大战，因此攻占奉天的3月10日就被定为"陆军节"，在1945年之前的每年这一天要全民庆祝。

俄军退守四平附近后，西伯利亚大铁路终于能基本正常运行，入夏后在远东和中国东北的军队增加到70万人，第一线作战兵力达到50万人，超过当面日军作战兵力近一倍。沙皇认为陆军在南满还可以进行反败为胜的决战，并希望由波罗的海舰队改编成的太平洋第二舰队到达，届时就有彻底翻盘的机会。

日军此时在中国东北战场上转入防御不再主动进攻，同时也明白再打陆战并无胜算，打垮东来的俄国舰队是迫使沙皇认输的关键。

派波罗的海舰队远航万里去远东等于"赴死"

日俄战争开始时,俄国海军总吨位为 56 万吨,日本海军为 26 万吨。在远东,俄国第一太平洋舰队 19 万吨的军舰至旅顺失守时已丧失殆尽,不过在波罗的海、黑海还有两支舰队。俄国的黑海舰队是一支很弱的内海舰队,按《伦敦条约》规定在战时不能驶出土耳其海峡,只有波罗的海舰队可调动。这个舰队在 1904 年夏天补充了刚建成的 2 艘新战列舰和 1 艘巡洋舰,总吨位超过 30 万吨,不过战备水平很差。

按照当时军舰的航速计算,波罗的海舰队如做好出航准备,并有足够的运煤船伴随在沿途加燃料,90 天就能到达远东,那将彻底改变那里的俄日海军力量对比。不过沙皇在战前未估计到日本敢开战,开战后才召集将领讨论如何派舰队增援。

从地图上看,俄国舰队可以自由地沿北冰洋远航至远东,这条航线距离又最近,但是需要大量破冰船,这一条件在当时根本不具备。俄国舰队想去远东,只能通过大西洋——印度洋——太平洋航线,需要环绕大半个地球,路途达 1.8 万海里,海军首脑都说战时做这种远航难以进行补给。

俄国在海外没有海军基地,国际公认的海战法又规定,战时的交战国军舰不能到中立国港口补给,此时唯一对俄结盟的法国在英国压迫下也宣布"中立",俄舰远航到法属殖民地停泊补给也困难重重。当时军舰以体积大的煤为燃料，不像后来那样储存汽油或柴油那样节省空间，加满一次煤后只能按正常航速行驶 10 天至 15 天。沙俄为对外扩张，此时将舰队吨位发展到仅次于英、美、德而居世界第四位，国内仍以内陆经济为主，缺少远洋轮船包括运煤船。沙皇因而迟迟未下决心派舰队增援，只希望远东俄军以"海守陆攻"拖垮日本。

1904 年 8 月，因太平洋舰队突围失败被困旅顺处境危殆，陆军也节节败退，尼古拉二世就不顾海军将领反对，下令将波罗的海舰队的主力编成第二太平洋舰队向东行驶，曾在 26 年前参加过对土耳其海战的罗日杰斯特文斯基中将担任司令。为解决途中补给，俄国向法国、德国租用了一批运煤船，如德国的一家航运公司就有 70 艘运煤船在太平洋、印度洋上以不断接续的方式为俄舰加煤。

▲ 俄国舰队出航前的宣传画，沙皇自信能打败日本，结果只是让本国舰队走向覆没。

俄国舰队起航后就发现，战时所租的他国船只并不可靠，经常不能如约到达补给处，日本又威胁说会击沉伴随俄舰的任何运输船，导致法、德等国船只屡屡中途离开。俄国舰队只好违反国际法规定，中途一再停泊到法国的海外港口内加煤补给。航行期间,甲板、机房、洗澡间,军官卧室等一切空地都堆满了煤炭,因为超重降低了速度,乱堆的煤炭还导致舱内环境严重污染。罗日杰斯特文斯基中将对此焦头烂额,据说梦中都经常在喊"煤!煤!"

◀ 指挥俄国舰队远航的罗日杰斯特文斯基海军中将。

俄国舰队于10月15日出航,编队内新旧舰只不一,快速舰要等慢速舰,航速相当低。有的军舰还没有装配好,如刚服役的新式"博罗季诺"级战列舰"鹰"号在航行途中靠伴随的工程船帮助舾

◀ 俄国波罗的海舰队改称第二太平洋舰队起航赴远东的画面。

七 对马海战惨败迫使沙皇认输议和　213

装，有些新配备的瞄准具还无人会用。出航官兵又是临时拼凑，有一半出身于内陆未见过海的农民，连游泳都不会。波罗的海舰队的高层对远航抱有抵触情绪，故意留下精兵骨干，而把"有问题的人"即难以管教、判过刑者塞进远航队伍，于是不少人戏称第二太平洋舰队是"第二劳改团"。

俄国水兵素质如此低下，舰队内的军官对这次史无前例的远航又有严重恐惧心理，一路上草木皆兵。10月21日夜间，舰队到达了英国的多格尔海岸，在黑暗中把几艘小渔船误认为日本在此新订购的鱼雷艇前来袭击，便开火射击。这次混乱开火时，俄舰不仅击沉英国渔船1艘，自己的巡洋舰"阿芙乐尔"号也被己方军舰误伤。

这次"海上乌龙"引起了严重的外交事件，英国威胁要出面拦截舰队，俄国只好连忙道歉赔偿。国际上对俄国海军也发出一片嘲笑之声，认为这简直是一群乌合之众，有什么战斗力可言？俄舰上的卫生条件又差，经过赤道海域时水兵们更是痛苦不堪，途中因疫病流行又有不少人病亡和躺倒，舰队司令的副手福克山少将就在途中病死，为防止影响士气还秘而不宣。

当时军舰出航日久如不能到船坞维修，舰底就会长满藤壶、海藻等附着物。俄国出航的舰队沿途没有维修条件，经半年多航行，最后平均时速降到11海里左右。俄军舰以这样的状况同维修状态良好的日舰交战，即使得胜也不能进行追击，若战败又无法逃走。

此时俄舰名义上大都是自建，却因国内工业技术落后，主要靠法国人设计并引进制造技术，还要从法、德两国和奥匈帝国购买装甲钢材。俄国舰队起航时有7艘战列舰，主力是4艘最新式的"博罗季诺"级战列舰。这4艘战列舰排水量都为1.35万吨，装配305毫米口径主炮4门（双联双座），航速18节。不过法国设计的军舰的能力不如英国，所产装甲钢质量也差，火炮的瞄准系统和炮弹威力也已落后。

▲
俄国海军"苏沃洛夫"号战列舰是第二太平洋舰队的旗舰。该舰属于法国设计的最新型的"博罗季诺"级。

日本开战时的6艘新式战列舰此时还剩4艘，都系英国新建，其中"富士"号1.23万吨，"敷岛"号1.48万吨，"朝日"和旗舰"三笠"号同级均为1.51万吨。这些日本战列舰航速均为18节，各装配305毫米口径主炮4门（双联双座）。英国所造军舰不仅防护性好，同口径炮的威力也要大，瞄准系统水平也更高。

日俄的两种主力战列舰看似吨位、火炮数量和口径差不多，日舰每分钟却能发射炮弹360发、总重量21吨，俄舰只能发射134发、8.1吨。日本的炮弹装了改进的下濑炸药而增加了爆炸力，战斗性能占有巨大优势。此外，日军的战列舰数量虽少，巡洋舰和驱逐舰数量却占有绝对优势。

日军舰队还有一个最大优势，就是以逸待劳。日舰在旅顺的俄国太平洋舰队覆没后回国经过几个月的维修后舰况良好、正常航速。

七　对马海战惨败迫使沙皇认输议和　　215

舰上官兵经历过甲午战争和对俄海战的实战锻炼，攻占旅顺后又返回国内进行了超大强度训练，海上打靶就消耗了所存的一半弹药。

东乡平八郎的名言是"一门百发百中的大炮，要远胜于一百门百发一中的大炮"。事后的海战证明，日舰炮手的命中精度比对手高得多。

两支舰队相遇前，日本海军官兵已是摩拳擦掌，反复研究了对自己最有利的战法并做过多次演习。俄国舰队的官兵经过半年多海上漂泊沮丧不堪，以避战尽快进入海参崴为目标，战前无心训练。舰队在东非海岸外停泊时进行了一次演习，发射几百发炮弹竟无一命中，可见射术之糟糕。

1905年1月，俄国第二太平洋舰队航行到法属东非的马达加斯加停泊时，得到旅顺陷落的消息，官兵们强烈要求返航。俄国了解海军知识的人大都明白，此时太平洋舰队已覆没，再调一支舰队劳师远征，也只能作为炮灰。尼古拉二世却心存侥幸，又调国内一批老旧的军舰组成第三太平洋舰队前来增加力量，只从吨位计算就认为能打赢。沙皇如此不顾实情一意孤行地下令，注定

▲
表现日本联合舰队紧张训练的画作。

了舰队的厄运。

得到沙皇的命令后，舰队罗日杰斯特文斯基认为，如果继续去远东就应抓紧时间，赶在日本联合舰队正在休整未恢复之际就决战，如果等那些慢速舰前来，只是自己"套在脖子上的磨盘"而起拖累作用。不过上命难违，他只好先率舰队航行到法属越南，等待这批累赘。

1905年5月9日，在越南金兰湾内，俄国的两支舰队终于会合，组成一支有29万吨位、38艘军舰的庞大舰队，其中有战列舰12艘、8艘巡洋舰。加完煤后，5月14日俄国舰队离开金兰湾向海参崴进发，目的是先到那里休整，再配合陆军反攻。

这支庞大的俄国舰队，总吨位还略超过日本联合舰队，却是外强中干，指挥官罗日杰斯特文斯基也明白难有胜算而想办法先躲过拦截。此时日本舰队在对马海峡等待，也担心俄舰绕行北面的津轻海峡，事先派出上百艘民船在台湾以北的广阔海面侦察俄舰的航路。

事后看来，久航后状态很差的俄国舰队想到达海参崴，唯一可行的办法是将大舰队分为几个小编队，选择不同航线北进。当时侦察手段主要靠船员的肉眼观察，这在宽阔的海面上观察范围很有限，俄舰还可以选择夜间通过海峡，这样虽然会遭受一些损失，可总会有一些编队能避过拦截，不至于全军覆没。俄国舰队司令却担心军舰若遭受损失将无法向沙皇交代，因而不敢分散，这样聚在一起反而方便了日本进行围歼。

5月25日，俄国舰队驶抵上海附近，接着在夜间北上。黑暗中舰队实行了灯火管制，可同行的一艘医疗船却是灯火通明。原来这艘船上的许多医护人员是为表示"爱国"而来的贵族妇女志愿者，她们根本不听军令管束而在船上举行舞会，这就暴露了目标和航线。日本侦察船经过追踪，测定前进方位，再以刚装备的无线电台报告，使东乡平八郎确定了俄舰队会经过对马海峡，这正是自己设下伏击的地方。

日军在对马海战中以微小损失歼灭俄舰队

1904年5月27日，这一天是"大日本帝国"确定的"海军节"。当天早晨，靠着跟踪俄舰队的日本侦察船"信浓丸"号的连续报告，东乡平八郎知道敌舰全部驶入了对马海峡，便在旗舰"三笠"号上对舰队发出信号——"皇国兴废，在此一战，诸位尤须奋发努力！"

▶ 描绘对马海战的油画。

这句话在日本几代人中广为流传，道出了对马海战（日方称为"日本海大海战"）对其国家兴衰的关键性意义。如果此仗俄胜日败，日本海军制海权将不保，在中国东北的陆军也会面对俄军反攻而崩盘，已取得不少胜利的战争还会彻底输掉！

日本舰队自上午5时起航，从北向南前进，迎击从南向北驶向海参崴的俄国舰队。东乡观察气象后高兴地写下一句话——"今日天晴浪高"。天晴最有利于射击，不过要设法让己方处于有利位置而陷敌方于不利位置。"浪高"最有利于日本炮手，他们因早在摇晃中反复训练能保持较高命中率，俄国炮手缺乏训练的糟糕表现则在此前已成世界上的笑柄。

上午10时以前，双方舰队都清晰看到对面舰队腾起的烟柱，俄舰队司令罗日杰斯特文斯基中将站在旗舰"苏沃洛夫"号的舰桥上，心情沉重地数着他不知研究过多少遍的日本舰队——4艘战列舰、23艘巡洋舰。他数完后放下望远镜，对随从参谋喃喃地说道："全在那里啦。"

此刻，俄国舰队司令终于明白避战通过的计划落空，只好下令迎战，想冲破拦截北上。

中午11时，双方先头舰开始试探性地发炮，日本舰队径直向俄舰队逼近，至下午1时半靠近到11海里。下午2时5分，东乡突然下令敌前大转向，即著名的"U"形转弯。

这是一个有极大冒险性的行动，转弯时的日舰不便开炮，俄舰却能向转弯处那个近乎固定的位置开火。此时俄舰队的队形却摆好，只有少数先头舰能开炮，虽击中几艘日舰却损坏不大。日本舰队的转弯在6分钟内完成后，2时11分"三笠舰"首先发炮还击，双方主力舰在6000米距离内就开始炮战。

东乡平八郎选择这个"U"形转身，是因观察风向后看到出现北风，让舰队占据北面的阵位，压迫俄国舰队处于南面的海域。这样做的好处是，日军舰炮发炮后，硝烟在炮口前马上被风吹散，接着就可以瞄准再射。处于南方的俄舰发炮后，炮口喷出的硝烟正好被北风吹回到炮位上，让炮手一时迷眼看不清目标，待硝烟散去则至少需要一两分钟。本来就射速慢、精度差的俄国舰炮，在这样迎风射击时就会打得更慢、准头更差。

古代名将打仗时讲究"天时地利"，就是重地理气象因素，近代海战中更是如此！东乡平八郎能运用好气象条件，是因经常在对马海峡演习而对此处情况了如指掌。俄舰指挥官事先不熟悉航线上的情况，遇到日舰又心慌意乱，一相遇就被日舰压到事先设计的挨打阵位。

后来有人认为"天不佑俄"，其实归根结底是因为"俄不知天"。

两支舰队相互轰击后，日舰的战斗效果就远远超过了上一年拦截俄太平洋舰队的黄海海战。在双方舰只、炮火数量基本差不多的情况下，据统

▼
表现俄国军舰下沉前水兵跳海的画作。

计日本舰炮命中率超过俄舰十倍以上，而且炮弹头装药更多、爆炸力更大，战场上马上就呈现出日舰对俄舰"一边倒"式的暴打。

同黄海海战相似的是，开战不久俄国舰队就因旗舰遭攻击和丧失司令指挥，陷入群龙无首。旗舰"苏沃洛夫"号首先遭日舰集中射击，船舵被打坏，舰桥也被打烂，只能在海面上漂浮。舰队司令罗日杰斯特文斯基中将身受重伤昏迷，被人抬到一艘驱逐舰上运走。

描绘对马海战中俄军旗舰"苏沃洛夫"号沉没场面的油画。

俄国第二分队的旗舰、战列舰"奥斯利亚比亚"号遭到6艘日本军舰的集中轰击，受重创后很快沉没，全舰900名官兵中只幸存300余人被日舰捞起成了俘虏。其他俄舰在日舰轰击下也纷纷中炮，战列舰"亚利山大三世"号、战列舰"博罗季诺"号和巡洋舰"斯维特拉娜"号也中炮过多沉没。下午4时之后，俄舰队完全陷入各自乱跑的混乱状态，日舰则利用机动性优势开始追击。

对俄国人有利的是，此时海上升起了浓雾，让日舰一时找不到多数目标。但是到了下午6时，雾气又开始减弱，全部漆成灰蓝色的日本军舰不太容易被俄国人看清，俄舰深色的舰身上鲜黄色涂漆

七　对马海战惨败迫使沙皇认输议和

的烟囱却成为明显的目标，于是日舰恢复了猛烈炮击，被打得晕头转向的俄国人还找不到还击对象。

战场上的伪装色也是战斗力的一部分，这在对马海战中也充分显示出来。日本人在这一问题上考虑细致，俄国人却忽略了此点，其原因也是出征前准备仓促。

到了接近黄昏的19时，日舰向已丧失动力的俄国旗舰"苏沃洛夫"号发起最后围攻，舰上仍在坚持战斗，直至被命中三枚鱼雷后倾覆。据当事人记载，这艘后来被称为"英雄舰"上的尾部水兵们并没有跳海求生，而是操纵仅剩的一门47毫米的小炮顽强地向日本军舰射击，直到自己被汹涌的海水渐渐吞噬……这一情节，后来一直作为俄国英雄主义教育的题材。

晚7时30分天色转黑，东乡平八郎担心日本大舰在射击中出现误伤，便下令战列舰、巡洋舰全部撤出战场，只留下21艘轻型驱逐舰和37艘鱼雷艇，在黑暗中寻找俄舰发起近距离的鱼雷攻击。

▼
在"鱼雷之夜"俄舰同黑暗中逼近的日军鱼雷艇战斗的场面。

5月27日入夜至5月28日凌晨，是俄国舰队感到极为可怕的"鱼雷之夜"。在夜幕中，俄军官兵看不清远处的日本舰艇，发现其到达近处时鱼雷已经射出。惊恐的俄舰只好打开探照灯向周围照射，结果更暴露了自身位置。

在这个"杀戮之夜"中，已被轰成重伤的"纳西莫夫海军上将"号战列舰首先中雷沉没，受伤掉队的老式战列舰"纳瓦林"号在日军四艘鱼雷艇的围攻下没入海中，"伟大的西索亚"号战列舰中雷后见无法逃走而自沉，巡洋舰"莫诺马赫"号也成了鱼雷的牺牲品。

▲
描绘波罗的海舰队遭受日军鱼雷艇攻击的宣传画，右上角为东乡平八郎。

看到如此险恶的局面，俄国巡洋舰分队司令恩克维斯特少将失去了前进信心，率领"奥列格"号、"阿芙乐尔"号、"珍珠"号巡洋舰掉头南下，利用黑暗掩护溜出了日军舰艇的围攻圈。这3艘巡洋舰一路南下，驶入菲律宾马尼拉的美国海军基地，遭到扣留并解除武装。战争结束后，包括后来世界史上著名的"阿芙乐尔"号在内的俄国巡洋舰分队才得以返国。

5月28日天亮后，俄国舰队继任司令涅博加托夫少将在临时旗

七 对马海战惨败迫使沙皇认输议和 223

▲ 表现俄国巡洋舰"阿芙乐尔"号在对马海战中激战的油画。

舰"尼古拉一世"号老式战列舰上看到,前一天庞大的舰队现在只剩5艘,其中只有1艘新式的"博罗季诺"级战列舰"鹰"号,还有老式的"阿普拉可辛海军上将"号、"谢尼亚文海军上将"号战列舰和"绿宝石"号快速巡洋舰。这几艘军舰不仅落魄孤单,而且大都伤痕累累,虽然距离海参崴只剩一天的航程,却很难摆脱日舰的快速追击。

果然,涅博加托夫少将很快就在海面上看到日舰的身影,共有27艘,包括4艘战列舰和23艘巡洋舰,它们经过昨天的激战又全然无损地聚集过来。舰上的俄国军官都发出绝望的目光,"尼古拉一世"号的舰长以乞求的口气向新任司令说:"昨天我们已经尽力了,今天再打下去,只能毫无意义地被击沉。"

涅博加托夫少将明白军官们的意思,便说道:"我老了,你们还年轻,应该活下去。让我来承担投降的责任,到军事法庭上接受死刑判决吧。"于是,他马上下令停止还击,并升起一面桌布作为白旗。

据当事者回忆,此时舰上只有一个军官跑过来大喊:"不能投降,要战斗到流尽最后一滴血!"舰队司令和舰长马上大喊:"他喝醉了!

关起来！"其他军官马上扑过去将此人拖走。由此看来，此时的俄国军官大都丧失了战斗意志，得到投降命令如蒙大赦。

东乡平八郎后来回忆，他看到俄舰挂起白旗大感意外，开始还命令继续炮击，发现对方停航才让停火。日本舰队最得力的参谋秋山真之中佐作为受降军使，乘小艇登上了俄军的临时旗舰"尼古拉一世"号，与之签订了投降协定。

这个投降协定是旅顺投降协定的翻版，规定俄军完整交出5艘军舰和全部武器，日军让投降的俄国军官携带随身短兵器马上回国，士兵却要留下当俘虏。俄国将军以付出国家财产和士兵的代价换来了自己的生命安全，与在旅顺投降的史特塞尔一样可耻。

涅博加托夫少将在"尼古拉一世"号老式战列舰上接待日本军使乘小艇前来受降的画面。

七　对马海战惨败迫使沙皇认输议和　225

日军受降时，俄国4艘战列舰"亚里山大一世"号、"鹰"号、"谢尼亚文海军上将"号和"阿普拉可辛海军上将"号都被日舰拴上舰索，"像牵狗一样"被拖回日本。乘日本人出现松懈之时，俄国3000余吨的轻型快速巡洋舰"绿宝石"号违反投降命令，突然向北冲去。它过去的最高航速达28节，此时虽降速也有20节，日舰发现其从包围缝隙中逃走后也来不及追赶。该舰虽到达了海参崴附近海域，却因不熟悉当地水文而搁浅，随后担心日舰追来而让人员上岸并毁舰，结局也只是没有舰员被日军俘虏。

▼
受伤的罗日杰斯特文斯基海军中将被日军俘虏时的情景。

海参崴内的俄国军人，最后只等到1艘巡洋舰和2艘驱逐舰，它们在那个"鱼雷之夜"中单个逃走，成为躲过拦截的侥幸者。

至于刚开战时就负重伤的俄国舰队司令罗日杰斯特文斯基中将，虽然被转移到一艘驱逐舰上向海参崴逃去，仍然被一艘日军的驱逐舰追上。俄国舰长以司令在舰不能作战为理由投降，结果这位舰队司令也成了日本人的俘虏。

从总体上看，俄国舰队遭受到歼灭性打击，38艘俄国战舰被击沉21艘，被俘7艘，被中立国扣留6艘，搁浅后自毁1艘，到达目的地仅有3艘还都是轻型舰。俄国损失舰艇共27万吨，阵亡4830人，被俘6106人。日军在此战中仅损失3艘鱼雷艇，吨位不到300吨，只亡117人、伤583人。

俄军以如此悬殊的损失比惨败，有着政治、经济、海军建设规划和战场指挥等多方面的因素，最根本原因还是沙皇专制制度的腐败昏庸，滋生出一批庸将弱兵。沙皇尼古拉二世在战后只归咎于舰队指挥官的措施失当，于1906年下令开庭审判。带着重伤被遣返回国的罗日杰斯特文斯基在法庭上申辩时，自比为"狗"，并称舰队惨败是因为"让狗去干了马才能干的事"。

法庭鉴于罗日杰斯特文斯基开战就受重伤昏迷，宣布他无罪释放，最后主持残余军舰投降的涅波加托夫、他的参谋长科伦及另外三名军官被判死刑，当然根据他们向敌人交出军舰以保命的行径看并不冤枉。不过沙皇出于对旅顺降将史特塞尔予以宽大的同样考虑，后来又下令将死刑改为有期徒刑。战后俄国重建海军，却始终受对马海战的阴影笼罩，在两次世界大战中都守在港口内，一直不肯同德舰进行海战。

对马海战不仅成为近代历史上一场经典的海战，也最后决定了日俄战争的结局。自此日本才确信自己能胜，沙俄也不指望能改变败局，双方开始进行议和。

经过对俄决战的胜利，日本军人也就此养成"一次决战就取胜"

的思维，在后来侵华战争和太平洋战争时总追求冒险赌博式的决战以求速胜。结果，当对手采取持久战、消耗战时，投注总落空的日军就会被熬到灯枯油尽。

日俄拿中国领土做交易实行议和

对马海战结束后，国际上军事专家都讽刺"俄国一下子成了没有海军的国家"，其太平洋沿岸几千公里海岸失去保护随时可能遭到攻击。7月间，日军舰队掩护陆军攻击库页岛，守岛的少量俄军因海路联络被切断只好投降，堪察加半岛等地也面临着同样的威胁。

在满洲陆战场上，形势却出现了一些对俄国有利的变化，主要是俄军兵力增多且供应改善，日军却难以再增兵又粮弹不济。入夏后，四平附近战场上的俄军实施了几次规模不大的反击，日方未经激战就收缩战线。此时还出现了一件日本明治维新后对外战争前所未有之事，就是一个中队（连）的日军被包围后，因弹尽粮绝集体向俄军投降。这种严重违反"武士道"精神之举，反映了日本陆军久战疲惫也出现了战斗意志降低。俄军将领们议论，如果利用优势兵力反攻，还可以夺回奉天一带的阵地。

此时沙皇却认为，纵然满洲陆上战斗能有进展，又会丧失太平洋沿岸地区。对沙俄政权更严重的威胁，是前一段的败仗动摇了政府的权威，国内革命已爆发。6月14日，黑海舰队"波将金"号上的水兵们起义控制了军舰，在敖德萨港口的海边升起红旗，并同这一城市的民众一起反对沙皇。国内许多地区也组织罢工、群众游行甚至是起义，波兰、芬兰、爱沙尼亚和高加索还掀起了民族独立运动。自5月间发起到6月形成高潮的波兰自治运动，还发展成罗兹等地的暴动。

俄国社会革命党反对沙皇专制，却又崇尚恐怖活动。该党利用社会混乱，从1904年6月至1905年6月掀起了一股暗杀风潮，俄国的芬兰总督、芬兰大法官、内政部长、莫斯科总督和市长都相继

表现1905年6月14日黑海舰队"波将金"号水兵们起义的宣传画，此举是1905年革命的重要标志。

俄罗斯著名油画《1905年的俄国》，表现这一年国内民众起来示威游行。

七　对马海战惨败迫使沙皇认输议和　　229

被刺杀身亡，高官们在恐惧中普遍希望对日议和以稳定内部。

俄国的财力、物力和人力虽然远比日本雄厚，战争也使财政出现了危机并影响到政局。对日作战一年半时间内花费了20亿卢布以上，相当于政府一年的财政总收入和过去6年的军费总和，为此不得不增加税收。这种增加老百姓负担的做法，自然引起了下层群众激愤和一些工商业人士的怨气。沙俄政府明白，想缓和民间的不满就必须减少税收并兴办一些福利，在"后院起火"的形势下只能将"安内"放在首位。

日本此时虽在军事上处于胜利地位，财政危机却比俄国更严重。战争期间其政府花费了17亿日元军费，用光财政积蓄又向民间发了4.8亿日元国债，才凑够9亿日元，还有8亿日元是向美国、英国借款。如果战争不停，日本还要举债，此时英美从自身利益出发却不想再借。对马海战胜利后，日本的"借款专家"高桥是清利用美国犹太财团对沙皇政府失败的庆贺，又得到借款2亿日元的承诺，随后美国政府却不再支持这种对日债券的发行。日本政府也感到，美英贷款的利息太高，将来还债又成了大难题。

时任美国总统西奥多·罗斯福在对马海战结束后，就最早预感到日本的威胁，并对战果惊叹说："这不是海战，而是一场海上屠杀！"

想在太平洋上称霸的美国人，就此认为不应再削弱俄国，它应对日保持平衡。英国此时在欧洲遇到德国的威胁，并认为自己强大的舰队毕竟是"无轮"即不能陆战，需要拉拢俄国人参加反德同盟，也希望日俄战事就此停止。英国还根据"没有永远的敌人，也没有永远的朋友"的准则，在俄国失败后就开始改变持续了大半个世纪的反俄态度，甚至后来还提供了8亿卢布贷款帮助沙皇政权维持稳定和重建海军，1907年又达成了英法俄三国同盟。

英美这两个世界上最大的"金主"翻手为云，覆手为雨，国穷财尽的日本就打不下去了。

日本攻克旅顺后，军方和政界财界要人就感到战争预定目标已达到，开始催促政府尽快媾和。1905年2月期间，罗斯福总统受日本委托，通过法国总统向俄国沙皇提出，愿意为日俄两国调停。尼古拉二世却断然拒绝称："满洲决战将要开始，俄国波罗的海舰队正向远东航行。我们将在陆上和海上同日本一决胜负。"3月间奉天会战失败后，4月10日俄国外务大臣才首次向法国外长表示愿意接受调停，不过所提条件还很高。

此时日本虽认为不能接受俄方条件，却希望展开和谈。奉天会战后满洲军参谋长儿玉源太郎回国汇报战果时，长冈外史参谋次长去车站接迎。儿玉劈头就问和谈之事有没有眉目，听到长冈说"还

▲ 这幅漫画表现了美国总统西奥多·罗斯福通过斡旋使日俄在远东形成力量平衡，他的外交努力还赢得1906年的诺贝尔和平奖。

七　对马海战惨败迫使沙皇认输议和　　231

没有眉目"时就痛骂道："战争一旦开始，最大的课题就是怎样结束。连这个你都不懂，你是干什么的？"

对马海战惨败和国内革命兴起后，6月6日沙皇在御前会议上同皇族和重臣们才达成一致意见，要尽快结束战争。御前会议结束翌日，6月7日沙皇就会见美国大使表示愿接受调停。6月8日，美国总统罗斯福马上通知日俄两国公使，表示美国愿提供谈判议和场所。6月10日，日本宣布接受美国的提议，6月12日俄国也宣布接受。

美英法都推动日俄议和时，德国因希望俄军的力量被牵制在远东，鼓励俄国打下去。威廉二世皇帝采取了"两头统吃"的方式，一面派德军顾问帮助日军训练并提供技术，一面又向尼古拉二世表示如继续战争可提供些贷款。作为英国维多利亚女皇俄系外孙的尼古拉二世，当然看出这位德国表兄的歹毒用心，不会上这个圈套。

日本虽首先接受调停，却拖延了一个多月才派出代表，利用这一时间派兵占领了俄国的库页岛，以此增加谈判砝码。8月上旬，双方代表在美国新罕布什尔州的朴茨茅斯正式开始议和谈判。谈判之前，日本政府对议和条款内定了"三个媾和必要条件"：

▼ 表现美国总统罗斯福在朴茨茅斯会见日俄代表起来调解的画作。

232 铁血旅顺湾

1. 韩国由日本自由处置；

2. 在一定期限内日俄同时从满洲撤军；

3. 辽东半岛租借权和哈尔滨至旅顺间的东清铁道让渡给日本。

此外，日本内定的"争取实现条件"是俄国让出库页岛并赔偿20亿日元（谈判开始时索要赔偿30亿日元），这等于是让对手出这场战争的费用。

谈判开始后，日本代表、外相小村寿太郎在提出"绝对必要条件"后，又提出国内所议的最好方案。他还拿出日方在马关条约签订时扬言进攻的故伎进行威胁，并声称："战争这个东西，是失败的一方必须赔款。"

俄国代表、长期担任财务大臣的维特马上回答说："坐在这里的没有战败者。"他转达了沙皇的意思："一个戈比也不给，不行就继续打。"

经过一周谈判，俄方同意了日方前两个条件，并对第三个条件提出修正——将让给日本的铁路从"哈尔滨至旅顺"缩短为"长春至旅顺"，却要把库页岛北部索回。小村寿太郎随后有了一些让步，同意不要"赔款"并归还该岛北部，却要俄国付20亿日元的"赎金"。对这种变相的赔款要求，维特又坚决拒绝，只索要库页岛北部却不肯出钱。

俄国如此强硬，一方面是还有再次开战的资本，一方面也是因破译了日本外交密码而知道其最后底线。当时无线电刚刚发明还未普及，国际电信仍靠有线电报，日本的外交联络也靠国际电报局。

战前俄国谍报机关通过收买日本驻荷兰使馆的一个女佣，偷出密码本做了拍照后再秘密放回。朴茨茅斯和谈时，赴美国谈判的日本代表同国内的电报往来要通过丹麦大北公司在海上铺设的海底电缆传送。这个公司有俄国股份和职员，混在公司中的俄国间谍抄录下日本的电文，用已经得到的外交密码就马上能破译出来。

▲
表现日俄两国代表在美国的朴茨茅斯开始和谈的画作，画面上是维特同小村寿太郎握手。

在谈判会场上，面对日本外相小村寿太郎的恫吓，俄方代表维特都是冷笑着不理睬，不但不受讹诈反而实行反讹诈。双方代表谈判陷入僵局时，维特就让人订购返俄的船票，并故意让日方代表知道。日本政府得知谈判接近破裂，急忙来电让小村寿太郎签约，殊不知沙皇此时急于停战的心情也不逊于日方。

1905年9月5日，日本按最后让步底线同俄国签订了和约，不过还是取得了重大的胜利成果。和约的规定主要如下：

俄国承认日本在朝鲜享有政治军事及经济上之利益；

俄国将旅顺口、大连湾并其附近租借权让与日本；

俄国将由长春至旅顺口之铁路及沿线的权益均转让与日本；

俄国将库页岛南部让与日本，日军撤出岛的北部并交还俄国。

俄日两国军队撤出满洲并将其交还中国，不过两国军队在中东铁路、南满铁路各自控制的路段每公里可留驻15名护路兵。

事后，日本就按约在南满铁路留下一个师团，后改称关东军。俄军也留兵2万余人在中东铁路线上，直至十月革命后苏维埃政府才放弃驻军、开矿等权利。

这个条约的实质，是两个帝国主义强盗拿韩国、中国的利益做了交换，等于重新分赃。清朝政府对此也只能承认，旅顺、大连由"俄租界"变成了"日租界"。

▲ 朴茨茅斯和谈会场上两国代表在一起的历史照片。

签约后，维特兴奋地欢呼"成功了！"小村寿太郎却显出一脸

七 对马海战惨败迫使沙皇认输议和

晦气，知道自己回国后会遇到群起痛骂。果然，消息传到日本后，东京和其他主要城市发生了大规模骚乱，认为胜利国不该放弃赔款。小村回国时，只有伊藤博文迎接他这个孤单而无人理的使者。日本的要人内心明白，仗若再打下去国家就要破产，却又对英美先利用自己再照顾沙俄充满怨恨。

战争一结束，伊藤博文就找到首相桂太郎说："下一个敌人，该是英美了！"日本扩张的势头不可遏制，下一步必然要走向发动太平洋战争。

俄国此次失败后，导致沙皇对东方的扩张暂停，又想南下攻打土耳其，这必然激化同德国的矛盾，并在参加第一次世界大战中葬送了沙俄帝国。

沙俄对日作战失败特别是对马海战惨败，彻底暴露了这个封建的、军事的帝国主义国家的"纸老虎"面貌。尤其是俄国上层的昏庸腐败和对下级的压迫，极大刺激了下层士兵和民众。例如从对马海战中逃脱的"阿芙乐尔"号巡洋舰的水兵，经历了一年多海上漂泊的苦难，对沙皇政权充满仇恨，因而赞同布尔什维克的宣传。恰恰是这艘军舰的水兵，在1917年的政治风暴中建立了舰上的革命委员会，并拥护列宁领导的十月革命，并以参加过日俄战争的舰炮打出了揭开人类历史新篇章的一炮。

结尾

——战争改变日、俄、中三国历史进程

日俄战争在20世纪的世界历史上，是改变三个国家历史命运的一仗，可以说是"为三个帝国敲响了丧钟"。首先是大清帝国的腐朽无能被开始觉醒的中国人进一步认清，几年后辛亥革命就将其推翻。俄罗斯帝国经此一败根基出现动摇，国内反沙皇专制主义的浪潮高涨，十几年后罗曼诺夫王朝就被埋葬，随后还出现了十月革命。那个"大日本帝国"以赌博式的开战取得胜利，又滋长了敢于再冒险发动战争的野心，最终因疯狂侵略走向崩溃。

日俄中这三国的命运变化，又改变了整个世界历史的进程。人们想了解20世纪的世界史，真是不能不了解日俄战争。

日本险胜后疯狂扩张之势不可收

日俄战争是人类进入20世纪后第一场较大规模的国际性战争，伤亡人数在世界战争史上还不算太大。日军战死（包括负伤而死）5.56万人，再加上患病和其他原因死亡者，总计在靖国神社中留下8.8万个灵牌。日军战时负伤15.3万人，还有1800名官兵被俄军俘虏（如加上被俘的非战斗人员如船员等超过2000人）。

从日本俘虏的命运看，此时其国内还没有二次大战时那种强迫官兵"玉碎"而不许被俘的野蛮疯狂。全体日本战俘包括一名震昏后被俘的大佐回国时，还受到慰问并随后正常退役，反映出社会风气还未走向病态式的极端。

俄军在战争中战死3.4万人，有14.6万人负伤，被俘7.9万人，

战死和伤病死亡相加共死亡5.7万人。从这个数字可看出，俄国陆军的作战水平并不比日军低。其被俘人数多，主要是集体投降造成，这恰恰反映出俄军有战斗意志薄弱这一严重的思想状态问题。

日本以小击大冒险一战，总算击败了庞大的"熊俄"，根本原因还是官兵的斗志比俄军强。不过这种斗志并不是以卫国卫民的正义感激发，而是由扩张强国的邪恶理念驱动，以这种理念冒险成功会导致整个日本社会都被其绑架。

明治维新之后，日本社会在学习西方"文明开化"时，也学习了弱肉强食的扩张理念，通过甲午战争还尝到甜头。此后多数国民赞成政府再对俄开战，后来的侵略战争也得到欢呼。日本对俄战争期间确有进步人士进行反战宣传，只是来自下层的社会主义者，人数很少不成气候。

出身贫民后来又靠打工留学美国的片山潜，是日俄战争时日本反战的代表。他在美国接触到马克思主义思想，20世纪初返回日本

▲ 日本油画《靖国神社的祭拜》，对外侵略战死的军人被祭为"护国神"，刺激着后来者为"皇国"扩张卖命。

后联合一批有新思想的知识分子创建了"社会主义研究会",建立起社会民主党后,却马上被政府勒令解散。日俄战争爆发后,他宣传反战并单身赴荷兰,于1904年8月参加了第二国际在阿姆斯特丹召开的大会。在会上,片山潜同俄国社会民主党领袖、在俄传播马克思主义的先驱普列汉诺夫当众握手致意,显示两国工人阶级共同反对两国政府发动的那场帝国主义战争。

片山潜后来回国组织工人运动,并反对参加帝国主义战争,一直遭政府压制,到1921年被迫永久流亡苏俄。他在莫斯科参加了列宁组织起来的共产国际的领导工作,还于1922年在国外领导创建了日本共产党。1912年至1926年大正天皇在位时政治禁令有些放宽,出现了"大正民主",日共虽不合法还能进行些活动,但在1926年昭和天皇即位后又遭彻底的"检举"镇压,片山潜只能抱着遗憾于1933年病逝于莫斯科。

从日本后来的历史进程看,片山潜这样的人在日俄战争时的政治表态才是正确的,当时国内多数人却将其骂成"露探"。这里的原因也好理解,因为老百姓只关注眼前利益。

日本政府发动对外战争虽然让一些人当了炮灰,数量毕竟不多,好处却非常丰厚。国内靠扩张极大发展了经济,军阀、财阀得利的同时,多数民众也沾光提高了生活水平。

日俄战争结束之前,有一个"七博士集团"

▼
中文版片山潜自传封面的头像。

即当时东京帝国大学的七位知名教授提出了媾和方案，内容是要俄国赔款 30 亿日元，割让全部沙俄太平洋沿海地区。后来日本史学界认为，"七博士集团"的出现表明日本知识界已经彻底堕落，完全拥护本国掠夺政策而全无良知。签订朴茨茅斯协定后，虽然政府宣传"胜利了"，却由于没能得到预期的赔款，各大报竟鼓吹要撕毁和约"总进击"。东京城内马上发生了"反对屈辱媾和"的骚乱，愤怒的"爱国民众"袭击了内务大臣官邸、国民新闻社等处，捣毁和焚烧了 364 个派出所和 13 个教堂，历史上将此事称为"日比谷烧打事件"。政府被迫调军警弹压并造成 17 人死亡和近千人负伤，桂太郎内阁因此而倒台。这种日本民间发起的恶性事件，说明民族扩张主义思潮已笼罩社会，并在后来又成为政府对外实施侵略政策的重要基础。

认为日俄之战是本国崛起所必需的观念，此后在日本社会上竟然延续了 100 年以上。第二次世界大战结束后，日本有不少人反思教训时认为不应该对中国、对美国开战，却仍然没有多少人否定日俄战争。不少人认为若无这一仗，日本就可能进入不了文明社会，这种历史观恰恰阻碍了对以往侵略行为的反思。

自甲午战争、日俄战争获胜后，日本国内出现了对天皇像敬神一般的崇拜，并将乃

▼ 在乃木培训下的幼年裕仁的照片，1926 年成为昭和天皇，在位时主持发动大战。

结尾——战争改变日、俄、中三国历史进程　241

晚年乃木希典的油画像，他曾经当过皇孙的教师，在1912年明治天皇病故时以夫妻一同自杀为之殉葬。

木希典这个视士兵和自己儿子的生命如草芥的狂人尊为"军神"。明治天皇还让乃木担任自己长孙裕仁的贴身伴随教师，对一举一动和一言一行都加以"辅导"。在这个冷血动物般的"严父"（这是裕仁后来所称）的教育下，幼小的未来的昭和天皇走路都要像军人，经常在严寒中跟随乃木一起以冷水浴自虐，最后培养出了一个发动全面侵华战争、发动太平洋战争的头号战犯，也是一种历史必然。

1912年明治天皇死去，乃木希典夫妇竟遵循野蛮透顶的古代武士传统，一起自杀为之殉葬。结果，乃木和广濑武夫这样的人又被当成全民榜样，小学生都要到其铜像前膜拜。在这种风气下，东洋三岛上哪家门口挂上"出征军人"即军属的牌子，路人都会向其鞠躬致敬。日本国内发表反战、反侵略言论的人，又会被不少老百姓向警视厅、特高课举报，被抓进宪兵队毒打也较少有人同情。只是日本发动侵华战争和太平洋战争后让国内到处变成废墟，众多百姓除家破人亡外毫无所得，民众真正尝到了苦头后才开始有了普遍的反战观念。

看到日本社会的民间思潮变化，人们就能明白，一个国家或一个地区的多数民众经常会被邪恶的思潮蛊惑煽动。对他们进行正确的战争观念教育，往往要在他们尝到邪恶势力带来的切肤之痛后才有效果。日俄战争后东洋岛国内掀起的疯狂扩张思想，到日本在二次大战中惨败后才得到遏制，深受战祸之害的人们才开始了沉痛反思。

▲

东京神田最享盛名的万世桥造起了一座广濑武夫大铜像,长期是全日本学子修学旅行必定要去瞻仰的圣地。日本战败后,此像因属军国主义遗迹被拆除。

腐朽的沙俄战败是历史的必然和人民的幸事

日俄战争期间,俄国社会上却有强烈的反战、反政府情绪,重要原因就在于沙皇及其政府发动的一次次侵略战争只是让上层和财团获益。几百年间扩张形成的大俄罗斯沙文主义思想虽然在社会上有很大影响,却主要在贵族和军事集团内占主导,知识界内很多人对此并不认同。普通老百姓更感到当兵只是"服苦役",胜败与自己无关。

对日俄战争最早做出深刻分析的人,就是1903年创建了俄国社

结尾——战争改变日、俄、中三国历史进程　243

会民主工党多数派（俄语为"布尔什维克"）的革命导师列宁。1905年1月，他得知俄军的要塞旅顺在日军围攻下投降，就在西欧出版的《火星报》上发表了著名的《旅顺口的陷落》一文，里面强调指出：

"这场战争已变成新旧资产阶级世界之间的战争。不是俄国人民，而是专制制度遭到了可耻的失败。俄国人民从专制制度的失败当中得到了好处。旅顺口的投降是沙皇制度投降的前奏。"

在列宁看来，此时的俄国、日本都是殖民者，交战双方都是非正义的。按中国民间俗语讲，就是"狗咬狗，一嘴毛"。不过列宁认为本国军队打败仗是好事，这种观点在狭隘民族情绪浓重的俄国人中真是独树一帜！后来的事实证明，沙俄的失败对俄国人民、对中国人民真是大好事。正是自吹无敌的沙皇政权出现败绩，才使其威信扫地，从而出现了1905年俄国革命，并为1917年的十月革命奠定了基础，由此又影响了中国革命。

▼
苏联描绘列宁流亡国外时写作的油画。

十月革命和苏维埃政权建立后，日本曾以"揭秘"的方式抛出一个"明石元二郎鼓动俄国革命"的神话，说"明石大佐一个人就等于十个师团"。日本有些人总结日俄战争史时称："没了乃木大将，旅顺也能拿下来；没了东乡大将，日本海大海战也能赢；但要是没了明石元二郎大佐，日本决不能赢得日俄战争。"这一论调的依据，据说是明石元二郎花钱煽动起了俄国革命。俄内政部长被暗杀，战舰"波将金"

号的哗变和波兰、芬兰等地出现独立运动，都被说成他花钱运作的功劳。

若严格探究，敌视苏维埃政权的日本当局抛出这种说法，目的就是丑化俄国革命者，将他们说成"俄奸"和"日探"。

日本后来公布过，明石元二郎大佐在战时共用了100万日元活动经费，此外还让政府另外出钱为搞芬兰独立运动的人（这些人可不是布尔什维克）购买了为数并不多的枪支弹药。这个前驻俄武官战时一直在欧洲活动，资助过俄国反沙皇的组织，其中有波兰、芬兰的独立分子，有俄境内的革命党，也有包括社会革命党的恐怖分子。从总体上看，他这些活动虽有些作用却不可能主导俄国全局。有头脑的人若仔细想想，一场蔓延全俄的群众运动，岂能是这区区100万日元所能掀起？

俄国人民利用政府对日战争的失败，掀起了反沙皇专制的革命，主要是国内长期腐败黑暗的政治环境造成。官员的腐败在俄罗斯历史久远，早就成为沙皇政权下的一种无法医治的顽症。从斯拉夫人的早期国家建立直至18世纪初期，俄国官员实行的是"食邑制"，即平时不靠皇帝发薪而靠其封地上老百姓提供实物来生存，战时或执行公务时的开销靠临时赏赐或自己搜刮。这种历史上极为落后的官员供养制度，导致什么是贿赂、什么是正常工作酬劳一直没有严格界限，官吏收受礼物也就成了合法之事甚至必不可少。

从1715年起，彼得大帝学习西欧制度建立了官员固定工资制，索贿受贿成为不合法行为。不过俄国的专制体制不可避免地造成官吏人数巨大，有限的工资远不足以让这样人过体面的生活。加上历代沙皇为让臣仆向自己效忠，都实行一种封建性质的"红包"收买制，就是向自己欣赏的人发额外赏赐。一些地区的主官，同样以主人对奴仆的方式如法炮制，收受贿赂和靠讨好上司受赏赐成了官吏生存中必不可少的内容，甚至是他们的主要收入来源。

沙皇俄国一直没有受过资产阶级革命的洗礼，封建性质的庄园经济基础上滋生的官员都视自己的辖区为私地，自视为土皇帝，习惯于挪用国家资产为私用。在这种社会传统影响下，贪污行为会泛滥成灾，讲人情、拉关系和超经济强制仍是沙俄帝国内的主要特色。去过沙俄的人在回忆中几乎都说，在那里"办任何事都要花钱"，甚至"卢布就是通行证"。俄军在对日战争中的种种贪腐甚至收受敌军贿赂的可耻行为，正是保持着东方式封建色彩的沙皇专制制度所酿成的恶果。

俄国的主要部分在欧洲，长期同法国有密切的文化联系，"自由、平等、博爱"等观念和后来传来的马克思主义影响了不少知识分子，他们对沙皇那种东方式的封建专制统治深恶痛绝，甚至想借战争失败将其推翻。几代沙皇及其周围的贵族坚持本国的专制统治时，却崇拜法国文化，宫廷中通用语言是法语，人称"只对仆人讲俄语"。末代沙皇的皇后又出身德国皇室，在家中也只讲德语，以至于后来平民反沙皇的口号就是"打倒德国女人"。许多俄国人还认为，罗曼诺夫王朝根本不代表本国利益，对皇室也没有效忠感。

沙俄在对日战争中的惨败，正好让其腐朽性暴露无遗，成了引发革命的导火索。在 1905 年的俄国革命中，暴动民众建立起工人、士兵代表会议，按俄语音译为"苏维埃"，后来还成为国家的名称。同年 12 月，莫斯科爆发了大规模武装起义，虽遭镇压却震动全国。受过西方民主主义思想影响的知识分子和工商界人士，大都认为应实行立宪制，并建立议会以制衡封建式的皇权。沙皇尼古拉二世面对丢脸的战争失败和国内普遍的不满，在 1906 年以后任用首相斯托雷平实行改革，建立了"杜马"这一近似议会的机构（权力却远远不及），实行了一些社会福利以缓和矛盾。不过这个"斯托雷平改革"没有解决沙皇专制的根本性弊病，与同期清王朝实行"立宪"那种无效的政权修补很相似，最后是病无可医。

▲
描绘末代沙皇尼古拉二世在克里姆林宫的油画，他主要依靠教士和宠臣，坚持专制统治拒绝实质性改革，引发普遍不满。

◀
苏联时代所绘的表现俄国 1905 年革命时莫斯科起义的画作。

结尾——战争改变日、俄、中三国历史进程　247

沙皇不吸取对日战争的教训，又低估德国的力量，让俄国轻率参加了下一次战争即第一次世界大战，结果俄军初期在战场上又连连失败。一场比 1905 年革命更大的风暴，在 1917 年爆发也就势不可免，末代沙皇尼古拉二世本人都落得个被灭门的悲惨下场。

若仔细考察历史可看到，布尔什维克起初对逊位的沙皇只是软禁了大半年，并未想杀他和他的家人，后来出现内外反动势力要将其劫走的紧急情况，肃反委员会即"契卡"才痛下杀手。1918 年 7 月，白卫军逼近乌拉尔的囚禁地想抢到这个沙皇并让其复辟，以此来凝聚全俄群龙无首的各派反苏势力，此时有任何皇室成员落到他们手中都会成为旗帜性人物。曾是俄皇死敌的日本天皇（此时已是大正）又故意提起尼古拉二世被本国警察砍过一刀的旧事，说什么"过去毕竟是我们对不起人家"，指示军部派人前往设法"搭救"并送到日军占据的俄国远东，其实就是想用来充当伪政权的傀儡（这与后来在中国利用溥仪的手法完全相同）。这些救援到头来都起了反作用，沙俄的亡国之君最后有那种遭遇，虽然人们看来过分却也是险恶形势所造成。他死时在国内并未得到多少同情，原因是民众切身痛感到他造成的巨大战争灾难，包括对其促成的日俄战争切齿痛恨。

日俄之战祸害了中国，却又促成空前的觉醒

日俄战争是一场帝国主义在中国领土上进行的分赃战争，据清廷统计战地无辜民众死伤超过 2 万人，财产被掠损超过 6000 多万两

白银。交战双方无论谁得胜，都会变本加厉地损害中国的利益。

沙俄军队侵占东北后，不少中国人包括留日的大批中国学生曾希望日军驱逐俄军，本国借此收回满洲主权。结果日俄两国议和后将南满、北满各自划为自己的势力范围，日本在南满留驻的军队后来编为关东军，又酿成九一八事变的前因。

描绘末代沙皇一家被秘密枪杀的画作。

日俄战争结束后，有觉悟的中国人便创作了爱国歌曲《何日醒》，在东北流行一时。歌中这样唱道："俄败何喜？日胜何欣？吾党何日醒！"

尽管日俄战争本属罪恶之战，从反面看倒是带来了积极的结果。在列宁和进步的中国人的眼中，沙俄失败倒是更利于俄国人民和中国人民的革命。

列宁在《旅顺口的陷落》一文中就评价日胜俄败"是现代史上最重大的事件之一"。这位身为欧洲人的革命导师，还称日本攻占旅顺的胜利是"进步的先进的亚洲给予落后的反动的欧洲以不可挽救的打击"。

这句话的意思，是指过去西方列强总认为欧洲人优秀，根本看

不起亚洲人。日本军队也是掠夺者，不过他们作为亚洲人、黄种人能打败欧洲人、白种人，这一战果对亚洲乃至全世界都是轰动性事件。其他亚洲民族由此得到精神鼓舞，反对西方殖民统治的斗争也在许多国家兴起，这对战争受害者中国的影响尤深。在对马海战后，英国皇家海军头目也感叹说："白种人的优势已经结束，这将改变世界历史。"

日俄战争结束的那年即1905年，孙中山在东京创建了中国同盟会，领导进行反对清王朝的民主革命。看到过去落后的日本能通过学习西方进行变革而崛起，中国人也有了强国的信心，并认为应该尽快打倒那个阻碍社会进步的腐朽的清政府。1911年辛亥革命的爆发，正是在1905年奠定了基础。

▲
日本横滨庆祝日俄战争胜利。

自甲午战争失败后，先进的中国人普遍认识到日本的先进和本国的落后，掀起了外出学习的热潮。由于到日本生活费和学费便宜，学日语又较为容易，留学东洋的热潮开始席卷中国。到了日俄战争结束的1905年，中国留日学生突破万人，规模为当时世界罕见。至中日全面战争爆发，留学过日本的中国知识分子不下10万，若加上短期考察参观者还要翻倍。

若是打开20世纪上半叶的中国名人录，可看到国民党前期的主要干部多是留日学生，包括黄兴、宋教仁、廖仲恺、汪精卫、胡汉民……那个上过日本士官学校预校，并在高田野炮联队担任过伍长的蒋介石，也在东洋生活学习过四年。

清朝末年建立新军，民国年间各派军阀练兵，几乎都是以日本陆军为典范，士官学校的归国毕业生如蔡锷、蒋百里、李根源、阎锡山、孙传芳等人成为军界要人。20世纪30年代的民国上将中，毕业于"陆士"的占三分之二。当然，他们所学的主要是日军对付俄军的战术，并不适应中国反侵略战争的需要，毕竟还是推动了国内军队战术的更新发展。

▲
20世纪初法国画报中所绘的清朝新军形象，军装均模仿日本。

中国共产党的创始人"南陈北李"即陈独秀、李大钊，以及最早的党员董必武、李达、周恩来以及最早的农运领导人彭湃等同样也曾留日，并从日本早期社会主义运动创始人河上肇等人那里了解到共产主义原理。近代的著名文学家鲁迅、郭沫若、郁达夫、成仿吾等，同样也曾长期留学和生活在日本。

20世纪初期，追求新学的先进中华儿女差不多都曾像毛泽东一样对日本充满了憧憬。不过日本实行的侵华政策，又让前往留学的中国青年回国后大多数都走上了抗日救国的道路。日俄战争期间东渡学医的鲁迅，也正是看到战争纪录片中日军斩杀中国人而旁观者麻木的镜头，感到应首先治疗国民的心理之病。

结尾——战争改变日、俄、中三国历史进程　251

陈坚的油画《南陈北李》，表现了五四运动后陈独秀（右）和李大钊（左）相约建党的情景。二人都曾留学日本。

若论起近代中国人的对日观，一直充满了复杂的矛盾——对它既是老师，又是学生；既憎恶，又羡慕；既排斥，又最接近。

学日本却总受日本欺负，中国人就把目光开始转向过去视为野蛮之邦的俄国。如同毛泽东所说的那样，"十月革命一声炮响，给我们送来了马克思列宁主义。"中国共产党人决定"走俄国人的路"，后来又冲破苏联模式，终于走出一条有本国特色的富强之路。

中苏两国革命者团结奋斗并宣传"亲如一家"时，日俄战争的余波却又影响了两国关系。苏联虽援助了中国革命，不过斯大林时期的一些颂扬沙俄军队的言论又违背了早期的正确立场，从而伤害了中国人的感情。1945年日本投降时斯大林发表的讲话，就声称这次胜利是为俄国一雪40年前之耻，同年同国民党政府所签的中苏条约中又恢复原沙俄在华的特权包括重占旅顺、大连，这些正是在列宁对日俄战争所持的正确立场上的倒退。

毛泽东和周恩来访苏时经过艰难的谈判，以站起来的中国人的力量为基础，1950年2月签订中苏友好同盟互助条约时让苏联放弃了1945年在华恢复的特权，同意交还旅顺、大连和中长铁路。在中苏之间有"兄弟般"关系的1954年，苏军在撤离旅顺前提出想在当地修建纪念物，除纪念二次大战外还要为日俄战争时期的俄军将领康特拉琴科和马卡洛夫修纪念塔。周恩来马上向苏联大使尤金时表示，对于修建二战时相关纪念物，中方完全支持，对于日俄战争则不应纪念，列宁已对这一战争的性质有正确的阐释。

▲
法国画刊所绘日军在东北以"俄国奸细"之名砍杀中国百姓，鲁迅正是看到这种情景而愤然弃医从文以唤起国人。

列宁在领导本国革命时，就指责俄国的东方政策是帝国主义的侵略政策。十月革命胜利和苏维埃政权建立后，列宁领导的苏维埃俄国政府在1919年和1920年发表了两次对华宣言，宣布放弃庚子赔款和交还中国境内的俄国租界，废除同清政府签订的一切不平等条约（却不包括让清朝丧失大片领土的《瑷珲条约》和《北京条约》），放弃在华特权。这种外国对华空前未有过的善意举动，让近代受尽外来侵略的中国人非常感动。当年革命的中国人都感到苏联与过去侵华的沙俄完全不同，是真正帮助自己的最好朋友，自己也决心"以俄为师"。

可惜的是，后来的苏联却在正确的立场上倒退。如1945年苏军出兵东北占领旅顺后，远东苏军的统帅华西列夫斯基元帅便会同马

结尾——战争改变日、俄、中三国历史进程

林诺夫斯基元帅、麦列茨科夫元帅、空军元帅诺维科夫等到帝俄军队在旅顺要塞战死者墓前致敬并献了花圈。这种表现，不能不使人想起一句名言："革命往往总要继承自己推翻了的暴君的衣钵。"当然，在看到这种难以避免的历史继承性时，我们也应肯定革命的伟大历史洗涤剂作用。

▲ 1945年苏军在对日战争胜利时占领旅顺口的照片。背后白玉山上是日本为纪念攻占该城的"忠灵塔"。

苏联后来对日俄战争的评价就不是一件小事，这不仅涉及本国的对外政策，而且影响到对华和对待其他国家的关系。美化沙俄的侵略，这种大俄罗斯沙文主义态度违反了十月革命的精神，也破坏了苏联自己所称的社会主义国家应遵循的对外原则准则，在某种意义上也为它日后走向瓦解埋下了隐患。

俄国从中国夺取了大片领土，不过苏俄又给中国送来了革命思想，援助过中国进行民族解放战争，还在新中国建立之初帮助建立了工业化基础。

熟悉中苏之间恩怨历史的人会感慨，苏联在其存在的历史期间一直在充当中国人的教员，既是正面又是反面。从日俄战争中幸存下来的"阿芙乐尔"号巡洋舰上，我们可以看到中国革命者的初心，也能激励曾经"以俄为师"的人们"以苏为戒"去开拓未来！

总之，人们回顾历史可以看出，中国与日本、俄罗斯为邻，既是不幸也是幸运，这两国对中华大地造成过伤害，也带来最大的觉醒。想了解中国同日俄两国的关系，就需要了解日俄战争，并从中得到深刻的启迪。

▼
笔者在 2017 年十月革命百周年前夕到圣彼得堡的"阿芙乐尔"号巡洋舰前，追思当年初心感慨万千。